THOMAS WEIDER

AUFBRUCH
IN DEINE FREIHEIT

novum ♠ pro

Dieses Buch ist auch als
e-book
erhältlich.

www.novumverlag.com

Bibliografische Information
der Deutschen Nationalbibliothek:

Die Deutsche Nationalbibliothek
verzeichnet diese Publikation in
der Deutschen Nationalbibliografie.
Detaillierte bibliografische Daten
sind im Internet über
http://www.d-nb.de abrufbar.

Alle Rechte der Verbreitung,
auch durch Film, Funk und Fernsehen,
fotomechanische Wiedergabe,
Tonträger, elektronische Datenträger
und auszugsweisen Nachdruck,
sind vorbehalten.

Gedruckt in der Europäischen Union
auf umweltfreundlichem, chlor- und
säurefrei gebleichtem Papier.

© 2024 novum Verlag

ISBN 978-3-99146-278-1
Lektorat: Thomas Ladits
Umschlag- & Innenabbildungen:
Vanessa Trantes
Umschlaggestaltung, Layout & Satz:
novum Verlag
Autorenfoto: Thomas Weider

www.novumverlag.com

Druckprodukt mit finanziellem
Klimabeitrag
ClimatePartner.com/16547-2311-1001

Um an die Quelle zu kommen, muss man gegen den Strom schwimmen.
Konfuzius

Nur wenn du die Seiten wechselst, wirst du erfahren, was sich hinter dem Vorhang der Unternehmensbühne abspielt.
Thomas Weider

Inhaltsverzeichnis

1 Einleitung

Es gibt eine Vielzahl von Gründen, aus denen dieses Buch entstanden ist. Hauptsächlich geht es mir darum, dich als Leser zu einer selbstständigen Tätigkeit zu animieren und dich ein wenig dazu zu bringen, über die enormen Vorteile nachzudenken, die mit dem Aufbau einer eigenen Firma verbunden sind. Natürlich kann nicht jeder selbstständig werden. Allerdings finden junge Leute, die zu Beginn ihrer beruflichen Laufbahn stehen, in den folgenden Kapiteln wichtige Hinweise und Antworten zur wichtigen und aus meiner Sicht richtigen Orientierung. Für ein erfülltes Leben, ein Leben mit Abenteuer und mit der Chance darauf, sich selbst zu verwirklichen in diesem Leben.

Als selbstständiger Unternehmer ist mir in den letzten Jahren bewusst geworden, dass junge Leute zu wenig animiert werden, über eine Selbstständigkeit nachzudenken. Was heißt es denn, nicht nur ein Unternehmen zu gründen, sondern auch selbst sich als Unternehmer zu verwirklichen? Für mich sind derartige Erlebnisberichte notwendiger Bestandteil einer modernen Ausbildung. Oftmals bereiten eine mehrjährige Ausbildungszeit oder Praktika darauf vor, Teil einer großen oder mittelgroßen Firmen zu werden. Später findet man dann seinen Platz in einem der verschiedenen Bereiche wie Marketing, Personal, Ein- und Verkauf oder Logistik. Doch was heißt es, eines Tages seinen eigenen Betrieb zu führen bzw. auf seinen eigenen beruflichen Beinen zu stehen? Ich sehe dieses Buch als kleinen Beitrag dafür an, die Anzahl der Interessenten zu erhöhen, die ernsthaft mit dem Gedanken spielen, eines Tages ihre eigene Firma zu führen.

Ich möchte zudem einen Teil meiner beruflichen, aber auch manche persönlichen Erfahrungen mit der nächsten Generation teilen. Für mich ist beides miteinander verwoben, da eine beruflich erfüllende Zeit auch eine abwechslungsreiche und spannende persönliche Zeit im Ausland mit einschließen kann. Eine Selbstständigkeit, verbunden mit einem Wohnungswechsel ins Ausland, kann sich wie in meinem Fall zu einer großen Chance entwickeln. Ohne die Risiken einer Selbstständigkeit zu verleugnen möchte ich dich als Leser ebenso animieren, den Blick über den deutschen Tellerrand hinaus zu werfen.

Dieses Buch richtet sich nicht nur an Studierende oder Hochschulabsolventen, sondern auch an Schülerinnen und Schüler und allgemein an junge Leute, die sich für das Thema der Selbstständigkeit interessieren. Ein zweiter Teil der Leserschaft sind Leute, die bereits Berufserfahrung in einem Unternehmen gesammelt haben und sich nun dafür interessieren, ihre Kenntnisse und Fähigkeiten als selbstständiger Unternehmer zu verwirklichen. Oftmals braucht es nur noch einen finalen Impuls, um Kraft für den Aufbruch in die Selbstständigkeit zu finden, völlig unabhängig vom akademischen Bildungsgrad, den aktuellen politischen Verhältnissen oder dem Inhalt der Selbstständigkeit.

Selbstständigkeit? Was bringt das mir? Wenn ich in wenigen Gedanken zusammenzufassen muss, was es mir bedeutet, eine eigene Firma zu führen, so kommen mir vor allem die mit der Selbstständigkeit verbundenen Freiheiten in den Sinn. Es war mir daher wichtig, dass das Wort „Freiheit" im Titel dieses Buches steht. Und nun los, auf in die Freiheit!

2 Die MEGA-Vorteile

2.1 Der Weg zum Traumjob

Nach unserer Ausbildungszeit verbringen wir alle den längsten Teil unseres Lebens mit der sogenannten Arbeit. Arbeit, das steht nicht nur für Sicherheit, sondern ist für viele etwas Negatives oder sogar Abstoßendes.

Vielleicht hat dies mit der Art der Arbeit zu tun. Die Mehrheit der arbeitenden Bevölkerung schafft es leider nicht, einen für sich passenden Job zu finden. Noch nie gab es so viele verschiedene Arbeitsinhalte wie heute, auch aufgrund der technisch vernetzten und globalisierten Welt. Die theoretischen Voraussetzungen dafür, eine spannende, abwechslungsreiche Tätigkeit zu finden, waren nie besser.

Stichwort ‚Freiheit'. Heutzutage entscheiden nicht mehr unsere Eltern über den anstehenden Berufsweg, sondern mehrheitlich die Jugendlichen selbst. Der beruflichen Freiheit scheinen keine Grenzen gesetzt. Jobs sind heutzutage so vielfältig, spezialisiert und auch in so vielen verschiedenen und neu entstehenden Bereichen angesiedelt, dass für die Mehrheit von uns eine passende Aufgabe dabei sein sollte. Es ist jedoch auch wichtig, Jugendlichen Hilfestellungen zu geben, um bei der Vielzahl der Möglichkeiten nicht den Überblick zu verlieren. Wahrscheinlich wird nicht gleich der erste Job die absolute Erfüllung darstellen, sondern nur einen ersten Baustein auf dem Weg zur möglichst idealen Tätigkeit. Wir leben nicht mehr in einer Zeit, in der man einen Beruf erlernt und in diesem Beruf dann bis zur Pension arbeiten wird. Dies kommt zwar manchmal noch vor, spannender ist es jedoch, die Suche, die Neugier und den Ehrgeiz nicht aufzugeben, eine noch besser passende Tätigkeit für einen selbst zu finden, und somit das Finden einer für einen selbst idealen Tätigkeit mittel- und langfristig im Auge zu behalten.

Somit kann man es erreichen, seines eigenen Glückes Schmied zu werden. Mit seiner Arbeit etwas Positives und Erfüllendes verbinden zu können hängt auch damit zusammen, nicht tagtäglich den Grund seiner Glücklosigkeit außerhalb von sich zu suchen, beispielsweise bei einem ungeliebten Chef oder bei vergebenen Chancen.

Ein großes Manko ist für junge Leute zum einen, dass man während der teilweise recht langen theoretischen Ausbildung nur unzureichend einen praktischen Einblick in die enorme Jobvielfalt vermittelt bekommt. Auch mit Mitte zwanzig kann man aufgrund von mangelnden praktischen Erfahrungen seine eigenen Stärken und auch Abneigungen selbst nicht gut genug einschätzen. Zudem weist einen sein eigenes Umfeld nicht unbedingt auf die heutigen Möglichkeiten hin. Risikoaversität und schlechte Erfahrungen von anderen sind weitere Faktoren, die einen oftmals beeinflussen. Aus meiner Sicht sollte man sich zu Beginn seiner Ausbildung primär die Frage stellen, welcher Tätigkeitsbereich einen reizt und gut zu einem passt. Das ist das A und O.

Meine Geschichte:

Thomas, Mitte 40, Unternehmer
Groß geworden bin ich selber in einem Land, das es heute nicht mehr gibt, der DDR.
Arbeit gab es in diesem Land für fast alle. Aber Freiheit? Davon gab es nicht so viel wie anderswo.
Die Auswahl, die uns heutzutage in Geschäften begegnete, gab es nicht. Aber das braucht man nicht unbedingt, um sich zu Hause wohl zu fühlen, Wärme,

Geborgenheit, Natur, Abenteuer zu erleben. Nach der Wende, Anfang der 90er-Jahre, folgte ich meinem Interesse an Automobilen. Ich studierte Betriebswirtschaft, und bereits als Student machte ich meine ersten Erfahrungen beim Handel mit Autos. Ich erinnere mich auch heute noch an meinen ersten erfolgreichen Handel. Mir gefiel, wie es sich anfühlte, Erfolg zu haben, einen Kunden glücklich gemacht zu haben und dass ich auf meinem Bankkonto etwas Positives verbuchen konnte. Später fing ich in einem bestehenden Automobilhandel-Unternehmen an. Ich lernte viel, merkte allerdings, dass ich manche Entscheidungen anders treffen würde, dass es mich reizte, selbst anzupacken, Initiative übernehmen wollte und Lust darauf hatte, selbst etwas zu kreieren.

Meiner Meinung nach sollte es bei der wichtigen Entscheidung einer Jobauswahl weniger darum gehen, welche positiven Nebeneffekte – wie z. B. ein kurzer Arbeitsweg oder eine relativ gute Bezahlung oder sichere Position – eine Arbeit kurzfristig bieten kann, sondern schlicht darum, dass ich in einem Bereich bin, in dem ich die tagtäglichen Aufgaben möglichst mit Freude, Interesse und einer positiven Einstellung angehen kann. Nur, wenn man in Bereichen tätig ist, in denen man seine eigenen Vorlieben und Neigungen einbringen kann, ist auch ein zufriedenstellendes Arbeitsgefühl langfristig möglich. Die angesprochenen Nebenbedingungen, wie ein kurzer Arbeitsweg, ein besseres Gehalt und Arbeitskonditionen ergeben sich im Anschluss mit Initiative und (Verhandlungs-)Geschick. Einen größeren Gehaltsscheck oder größere Autonomie kann man zum Beispiel dadurch erreichen, indem man etwas besser kann, etwas besser umsetzen kann, oder eine neue Technologie besser beherrscht. Auf den Arbeitsinhalt möchte ich später im Kapitel 3 noch näher eingehen.

Sobald einem klar ist, in welche berufliche Richtung es geht, sollte man versuchen, in diesem Umfeld Entscheidungsträger anzusprechen und Kontakte zu knüpfen. Das ist meiner Meinung nach auch völlig unabhängig von der Dauer oder Intensität der vorhergehenden Ausbildung. Je früher man die für einen selbst richtigen Weichen im Leben stellt, desto wahrscheinlicher ist es, dass man seine Karriere erfolgreicher gestalten kann und früher an angestrebte Positionen herankommt und erkennen kann, welche neuen Möglichkeiten das bevorzugte Arbeitsfeld einem bietet. Eine professionelle Arbeitseinstellung, verbunden mit einer zuversichtlichen Lebenseinstellung und passenden Kontakten, kann häufig mehr bewegen als eine mehrjährige theoretische Ausbildung ohne anschließende Anknüpfungsmöglichkeit.

Während der ersten Berufsjahre sollte man sich stets folgende Fragen stellen:

Zum einen, ob mir meine derzeitige Beschäftigung Möglichkeiten bietet, mich in meiner gewünschten Materie fortzubilden, sprich, bin ich in der Lage, meine fachlichen Kompetenzen auszubauen? Oftmals empfindet man den Ausbau seiner eigenen Fähigkeiten als sehr zweckmäßig und man ist bereit, unvorteilhafte Nebenbedingungen wie beispielsweise einen langen Arbeitsweg oder suboptimale Vorgesetzte zu akzeptieren.

Als Zweites geht es um die Verantwortung und den Verantwortungsspielraum. Bekomme ich Einblicke in neue Bereiche? Kann ich selbstständig kleinere Projekte leiten, ohne permanent überprüft zu werden? Hat die Firma Interesse daran, meine Verantwortungsbereiche auszubauen? Diese Frage ist wichtig, um nicht das Gefühl zu bekommen, auf der Stelle zu treten.

Der dritte, ebenfalls nicht ganz unwichtige Punkt, ist der Bereich der finanziellen Entlohnung. Empfinde ich mein Gehalt als angemessen? Habe ich das Gefühl, besser entlohnt zu werden bei längeren Arbeitszeiten? Wie vorher erwähnt soll eine zufriedenstellende Entlohnung nicht als positive Nebenbedingung angesehen werden, um nicht weiter nach seinem Traumjob zu suchen, sondern vielmehr sollte das Gehalt als ein drittes wichtiges Kriterium herangezogen werden, ob man noch an der für sich richtigen Position arbeitet oder es eventuell Zeit ist, sich eine neue Herausforderung zu suchen.

Kann ich mindestens zwei der drei Fragen mit ja beantworten, ist ein Verbleib in der aktuellen Position (noch) sinnvoll. Priorität hat die Antwort auf Frage eins.

Die andere Frage, die sich neben dem eigentlichen Arbeitsinhalt stellt, ist, ob man den Großteil seines Lebens für jemand anderen arbeiten möchte oder ob man Mut hat und den Schritt in die berufliche Selbstständigkeit wagt. Der Gestaltungsfreiraum als angestellte Person ist in der Regel recht stark begrenzt. Ich denke, man sollte junge Leute darüber offen informieren, dass die berufliche Flexibilität mit dem Alter abnimmt, dass die gut bezahlten Jobs mit viel Verantwortung und Freiräumen extrem begrenzt sind, und wenn man einen perfekten Job ausüben möchte, man sich selber darum bemühen und darauf hinarbeiten muss.

Wenn gut 90 % der Arbeitnehmer in ihrer Berufswahl nicht zufrieden sind, sollte man den jungen Leuten im Vorhinein die Möglichkeit einer Selbstständigkeit besser erläutern und ihnen klar machen, dass sie sich über eine Selbstständigkeit ihren eigenen Beruf mit möglichst idealen Charakteristika zusammenstellen können.

Mut ist der Zauber, der die Träume zur Wirklichkeit werden lässt!
Lebensweisheit

2.2 Freiheit

Freiheit ist eines der wertvollsten Güter, die wir in unserem Leben genießen. Erst, wenn jemand versucht, uns in unserer Freiheit einzuschränken, wird uns bewusst, wie wichtig uns Freiheit in unseren verschiedenen Lebensbereichen ist. Die berufliche Freiheit und deren Wert definiert jeder von uns auf seine eigene Art und Weise.

Oftmals sind wir bereit, auf einen gewissen Freiraum zu verzichten, wenn uns ein finanzieller Ausgleich geboten wird, wir uns in der aktuellen Position sicher aufgehoben fühlen oder wir mit der Hoffnung leben, dass es in absehbarer Zukunft besser wird. Alle Angestellten, die in ihrem Firmenkonstrukt nach oben möchten, verbinden automatisch mit dem Aufstieg einen gewissen Mehrraum an Entscheidungsgewalt, Entscheidungsspielraum und persönlicher Weiterentwicklung. Dieses Ausschöpfen des eigenen Potenzials kann also als persönliche Freiheit im Job empfunden werden.

Neben der persönlichen Freiheit im Job gibt es jedoch auch noch die innere Freiheit. Für diese ist man allein selbst verantwortlich. Jeder Mensch definiert sie individuell, und sie entwickelt sich, wie auch der Name vermuten lässt, von „innen". Sie muss von einem selbst entdeckt werden und niemand Externes kann sie einem schenken. Hier geht es darum, seine eigenen Potenziale zu erkennen und auszuspielen, um seinen Weg und seine innere Ruhe zu finden. Ich komme darauf in Kapitel 7 zurück.

Dann gibt es noch die gesundheitliche Freiheit, die man selbstverständlich mit beeinflussen kann durch eine entsprechend gesunde Ernährung, eine regelmäßige Bewegung und einen generell ausgewogenen Umgang mit seinem Körper. Schicksalsschläge wie ein unverschuldeter Autounfall oder ein unverschuldetes Krebsleiden kann man selbstverständlich schlecht beeinflussen. Jedoch, die Freiheit, die einem selbst stets bleibt, ist, wie man selbst mit Schicksalsschlägen umgeht.

Wir alle erleben den permanenten Drang nach Veränderung. Das fängt im Kindesalter an und setzt sich fort bis ins hohe Alter. Du magst mir zustimmen, dass du nicht jeden Tag die gleichen Klamotten tragen möchtest, monotone Aufgaben gern über einen längeren Zeitraum erfüllen oder beispielsweise sieben Mal die Woche das gleiche Essen zu dir nehmen möchtest. Auch im Rentenalter möchte ein Großteil der Leute noch neue Projekte angehen, lang vorhandene Träume umsetzen oder erkannte Talente ausleben. Eine gewisse Kontinuität ist sicherlich in anderen Bereichen wie der Persönlichkeitsentwicklung wichtig, allerdings benötigen wir dennoch stets neue Impulse und Anstöße. Machen diese nicht letztendlich auch die Lust am Leben aus? Ein noch nicht angesprochener Aspekt ist die finanzielle Freiheit. Ein gesunder Umgang mit Finanzen ist von früh an sehr wichtig und sollte auch Bestandteil der Schulausbildung für alle Schultypen werden.

Generell gilt: Versuche, weniger auszugeben, als du verdienst, und versuche, niemandem etwas schuldig zu sein. Wenn du Schulden haben solltest, versuche, sie regelmäßig zu verringern. Mehr Geld, aber auch weniger Geld, können Probleme verursachen. Sich zu beklagen, dass andere Leute mehr Geld haben, hilft nichts. In frühen Jahren anpacken, sich kleine Polster ansparen und sich mit Hilfe dieser kleinen Polster Möglichkeiten erarbeiten, um sich die nächste Etappe auf dem Weg zum idealen Job mit mehr Freiheit zu sichern – das sollte der generelle Ansatz sein. Finanzielle Reserven schaffen Sicherheit und sind gleichzeitig notwendig, um neue Chancen wahrnehmen zu können.

Mögliche Auslandsaufenthalte kann man somit gelassener vorbereiten oder eine Selbstständigkeit mit großem Optimismus angehen. Ein besonnener Umgang mit Finanzen ist später neben einem gesunden Menschenverstand eine, wenn nicht sogar die wichtigste Voraussetzung, um ordnungsgemäß und erfolgreich eine Firma mittel- und langfristig zu führen.

Warum die persönliche Freiheit im Job von vielen nicht ausgereizt wird, hat unterschiedliche Gründe. Entweder entspricht das selbstständige Arbeiten nicht dem eigenen Profil oder man hat einfach zu hohen Respekt vor der Aufgabe. Andere Gründe können die zum Teil enormen finanziellen Herausforderungen sein, die man nicht bereit ist, anzugehen, oder es fehlt die passende Initialzündung, um loszulegen. In anderen Fällen fehlt eventuell die passende Gelegenheit, um die neue berufliche Herausforderung zu starten.

Ein anderes Kriterium ist die jeweilige wirtschaftliche Situation. Je besser die nationale Konjunktur läuft und somit attraktive Arbeitsplätze als Arbeitnehmer schafft, umso geringer ist

in der Regel auch der Druck, sich sozusagen gezwungenerma-
ßen in eine Selbstständigkeit zu stürzen. Je höher man in Zeiten des wirtschaftlichen Wachstums entlohnt wird, desto wahrscheinlicher ist es, dass man seinen eigenen beruflichen Traum
auf Eis legt und in vielen Fällen auch später leider nicht umsetzt.

Ein weiterer Grund ist unser Alter. Je jünger wir sind, desto
flexibler, risikobereiter und unabhängiger sind wir. Im fortge-
schrittenen Alter verfügen wir zwar über einen besseren Überblick und einen größeren Erfahrungsschatz, dennoch fühlt es
sich so an, als hätten wir immer weniger Zeit für unsere berufliche Freiheit durch neue, familiäre Aufgaben, Hobbys oder den
gefühlten Druck, dass es einfach funktionieren muss.

Als letzten Punkt möchte ich noch kurz die Freiheit in der
Beziehung erwähnen. In jeder wirklich glücklichen Beziehung,
in der man von den gegenseitigen Unterschieden lernt und sich
gemeinsam weiterentwickelt, ist Freiheit ein zentrales Grundele-
ment. Ziel kann es nicht sein, den Partner zu verbiegen oder permanent neue Grenzen zu setzen. Warum soll man seinen Partner einschränken, wenn man selber nicht gerne eingeschränkt
werden möchte? Die Freiheit in einer Beziehung kann nur überleben, indem man den Partner mit seinen Eigenschaften so ak-
zeptiert, wie er ist. Eine authentische Beziehung sollte immer
das Bekenntnis beinhalten, die Freiheit des Partners zu respek-
tieren. Ist dieses Bekenntnis nicht vorhanden, sollten beide Seiten die Freiheit und den Mut besitzen, die Beziehung zu beenden. Eine gewisse Ähnlichkeit kann man bei einer Berufs- und
Partnerwahl erkennen. Man sollte den Mut haben, stets nach
einer optimalen Konstellation zu suchen.

2.3 Der Ursprung unbegrenzter Motivation

Wenn jemand den Entschluss fasst, von nun an für sich selber zu arbeiten, ist das ein großer Schritt. Diese Entscheidung
trifft man in der Regel, weil man motiviert ist, durch die Selbstständigkeit Dinge zu erreichen, die einem sonst verschlossen

wären. Im Vordergrund steht hier sicherlich die Kontroll- und Entscheidungsgewalt über seine eigene Person. Das sind zwei Wörter, die aus meiner Sicht einen enormen Einfluss auf ca. 40 Jahre unseres Lebens haben. Wir finden uns damit ab, dass uns jemand fremdbestimmt und uns vorschreibt, wann wir aufzustehen haben, wie wir uns kleiden, wann wir unser Essen einzunehmen haben oder wann wir unseren Urlaub nehmen können usw.

Als Selbstständiger muss man besonders die ersten Jahre oftmals noch früher aufstehen, man kann weniger Urlaub machen und hat weniger Freizeit als seine gleichaltrigen Schul- oder Universitätskollegen von früher. Allerdings nimmt man das gern in Kauf, weil man extrem motiviert ist.

Es geht hier primär um ein Gefühl, das entsteht und dich automatisch antreibt, wenn du dein eigenes Projekt umsetzt. Von diesem Gefühl möchte man sich, wenn man es erst einmal erlebt hat, nur allzu ungern wieder trennen. Für mich erscheint es manchmal so, als ob diese Energie unbegrenzt vorhanden sei.

Wenn ich selber entscheide, eine Stunde früher aufzustehen, um beispielsweise einen neuen Kunden zu besuchen oder an einem Projekt weiterzuarbeiten, dann wird der zusätzliche Aufwand dadurch kompensiert, dass es meine freie Entscheidung war, und dass ich diesen Aufwand in etwas investiere, das mir am Herzen liegt. Diese Freiheit setzt zusätzliche Energie frei und hat wiederum einen positiven Einfluss auf meine Zielerreichung und Motivation von morgen.

Wenn ein Mensch das Bestreben hat, etwas Optimales in seinem Leben zu erreichen, spricht man in der Psychologie auch von der Leistungsmotivation. Dieser Bereich lässt sich gut auf unser privates und auch berufliches Leben übertragen. Beispielsweise freut man sich in der Schule über eine gute Note erst dann, wenn eine Mehrzahl seiner Mitschüler nicht ganz so erfolgreich war. Andererseits vergleicht man sich im Laufe seines Lebens auch mit sich selbst: Was habe ich vor zehn Jahren gewusst (bzw. noch nicht gewusst), welche materiellen Möglichkeiten bieten sich mir heute im Vergleich zu vor fünf oder zehn Jahren, wie hat sich mein Freundeskreis entwickelt. Oder der Blick richtet sich nach vorne: Beim nächsten Halbmarathon möchte ich mindestens drei Minuten schneller laufen usw. Im Berufsleben begleitet einen Selbstständigen dieser innere Antrieb automatisch, denn man möchte sich nicht mit dem Erreichten zufrieden geben. Jedes Teilelement der Firma wird ständig untersucht, um an einer besseren und idealeren Gestaltung zu arbeiten.

Im dritten Fall der Leistungsmotivation geht es darum, wie gut ich eine Sache selbst umsetzen kann. Das Gute beim selbstständigen Arbeiten ist, dass man dank des permanenten Bestrebens, etwas noch qualitativ hochwertiger, günstiger oder schneller zu gestalten, stets etwas Positives anstrebt und sich mit dem Erreichen dieses (Teil-)Ziels selbst belohnt. Bei einer Vielzahl anderer Leute trifft eher das Gegenteil zu. Sie versuchen nur, etwas gut zu machen, weil sie Angst vor dem Scheitern oder generell Bedenken haben, eine Aufgabe beispielsweise nicht ordnungsgemäß umsetzen zu können.

Die Frage ist also hier, möchte ich mir lieber meine Ziele und Aufgaben selber stellen oder soll ich jahrzehntelang jemand anderem hinterherlaufen und die Früchte meiner Arbeit dieser Person überlassen? In unserer Partnerschaft möchten wir uns auch nicht permanent vorschreiben lassen, was wir von früh bis spät wie zu erledigen haben, warum sollen wir es also im Beruf unwiderruflich tun, wenn es eine Erfolg versprechende Alternative gibt?

2.4 Selbstverwirklichung

Wie hoch ist der Selbstverwirklichungsgrad eines Sicherheitsangestellten in einem Museum oder bei einem Parkhausmitarbeiter? Diese Jobs sind mit Sicherheit wichtig und notwendig. Allerdings sind es gute Beispiele für Arbeiten, bei denen man sein Gehirn zu Arbeitsbeginn auf den Ausruhmodus schalten kann und vermutlich mehrfach auf die Uhr schaut, wie viele

Stunden und Minuten noch bis zum Schichtende verbleiben. Monotonie und Langeweile ergeben sich leider bei einer Vielzahl unserer beruflichen Tätigkeiten. Wenn sich tagein, tagaus ein Gefühl entwickelt, permanent in der Routine zu verfallen, sollte man reagieren und seine Arbeit wechseln!

Die eigene innere Stimme sollte einem sagen, wie lange es Sinn macht, eine bestimmte Tätigkeit weiterhin auszuüben. Bei fast jedem Job sammelt man gerade in den ersten Berufsjahren wertvolle Erfahrungen, dennoch wiederholen sich viele Arbeitsschritte und die notwendige Übersicht ist bei vielen Tätigkeiten nach wenigen Wochen oder Monaten erreicht. Und dann? Wir alle entwickeln uns weiter, wir entdecken neue Möglichkeiten und Varianten. Wir Menschen sollten auch auf der Welt sein, um uns neue Ziele zu setzen. Wir haben doch alle Träume, die wir gerne verwirklichen würden, oft unausgesprochene Wünsche und Erwartungen, die wir erreichen und übertreffen möchten. Warum sollen wir auf einen Großteil dieser wichtigen Bestandteile verzichten? Sollten wir nicht versuchen, unsere Potenziale maximal auszuschöpfen?

Die Selbstverwirklichung steht meiner Meinung nach auch nicht im Gegensatz zum Allgemeinwohl, sondern kann sehr wohl seinen Teil zum gesellschaftlichen Miteinander beitragen. Man sollte als Selbstständiger den Anspruch an sich selbst haben, durch seine Tätigkeiten und Kommunikationsmittel stets freundlich und empathisch mit allen Ansprechpartnern umzugehen. Die richtige Kombination aus Hilfsbereitschaft, Dankbarkeit und Eigenverantwortlichkeit ermöglicht einen positiven Umgang mit seiner eigenen Person und, noch wichtiger, mit allen beruflichen und privaten Partnern.

Neben der persönlichen Weiterentwicklung ist selbstverständlich der Austausch mit anderen von entscheidender Bedeutung. Erst mit Hilfe von Kommunikation ist man in der Lage, zu entscheiden, welche Ideen und Handlungsspielräume wirklich sinnvoll erscheinen. Wir alle benötigen den Input unserer Mitmenschen, um neue Lösungsansätze zu finden oder Gedanken zu überdenken. Je älter man wird, desto wertvoller erscheinen tiefere und bedeutungsvolle Gespräche. Es wird einem bewusst, dass man innerhalb der eigenen Persönlichkeitsentwicklung sich zwar weiterentwickeln sollte, jedoch stets auch sich selbst treu bleiben sollte. Dies gilt sowohl im privaten als auch im beruflichen Umfeld.

In meinem persönlichen Fall wurde ich mehr oder weniger in eine Selbstständigkeit ‚getrieben'. Ich hatte damals das Gefühl, es einfach ausprobieren zu müssen. Ich bin sozusagen einem gewissen Ruf gefolgt.

In meinem dritten Angestelltenverhältnis, nach Beendigung des Studiums, hatte ich Spaß an meiner Arbeit. Ich kam in kurzen, zeitlichen Etappen gut voran. Ich hatte allerdings auch den Eindruck, dass strategische Fehler im Firmenmanagement begangen wurden, die mir ein längerfristiges und stressfreies Arbeiten mit meinen Kunden nicht mehr möglich machten. Nach einem dreiviertel Jahr stand für mich fest, dass ich mir eine andere Arbeit suchen wollte und versuchen sollte, es selbst besser zu machen.

Ein Großteil meiner damaligen Kunden war extrem unzufrieden und ich konnte teilweise nicht gut schlafen, da der Reklamationsstapel auf meinem Schreibtisch jeden Monat größer statt kleiner wurde. Meine innere Stimme sagte mir, dass ich die Option der Selbstständigkeit ausprobieren musste. Der Bedarf war unbestritten vorhanden und meine Frau gab mir genügend Rückendeckung, die Sache anzugehen.

Diese Entscheidung war möglich, da ich mich frei fühlte. Ich hatte das Gefühl, selbst entscheiden zu können, in welche Richtung ich weitergehen wollte. Natürlich war mir damals nicht bewusst, in welchem Ausmaß sich mein Leben und das meiner Frau dadurch so einschneidend verändern würden.

In unserem Land ist es Wirklichkeit geworden, wovon Menschen in vielen verschiedenen Teilen der Welt jahrhundertelang geträumt haben und viele heute noch immer träumen: Selbstverwirklichung in Freiheit.
Joachim Gauck

2.5 Grenzen und deren Überwindung

Eine wichtige Erkenntnis auf dem Weg, das Beste aus einem selbst herauszuholen, ist das Eingeständnis von persönlichen Grenzen und das Anerkennen von Niederlagen.

Das Verhandeln von Konditionen oder Preisen mit Lieferanten oder Kunden ist hier ein gutes Beispiel. Man kann von anderen Verhandlungspartnern bestimmte Taktiken, Argumente oder Antworten auf Standardfragen übernehmen, nachdem man eingesehen hat, dass man selbst noch bestimmte Defizite hat. Beim Verhandeln von Preisen kann man sicherlich einmalig größere Gewinnmargen einstreichen, ob der Kunde anschließend allerdings erneut bei dir kauft, steht auf einem anderen Blatt. Es lohnt sich, nicht nur aus moralischen Gründen, langfristig in ehrliche Kundenbeziehungen zu investieren. Wenn man als Einmannfirma startet, ist es wahrscheinlich, dass man nicht gleichzeitig ein Verkaufsprofi, IT-Spezialist und ein Steuerfachmann ist. Hier sollte man auch nicht den Fehler machen und sich überschätzen, sondern sich so kostengünstig wie möglich Hilfe und notwendige Unterstützung suchen.

Wir alle haben unsere Stärken und Schwächen. Die Frage ist nur, wie man es schafft, die eigenen Schwachstellen am besten auszugleichen. Wie man immer wieder nachlesen kann, ist es wichtig, einen Fehler nicht zu wiederholen. Wir alle machen Fehler, unsere Eltern machen Fehler, unsere Lehrer machen Fehler genauso wie top-bezahlte Manager von börsennotierten Großunternehmen.

Es tut jedem gut, sich auf seine eigenen Beine zu stellen, diese Beine mögen sein, wie sie wollen.
Theodor Fontane

2.6 Du bist besser, als du glaubst

Dieser Abschnitt gehört meiner Meinung nach zu den wichtigsten in diesem Buch. Wir werden tagtäglich durch die Medien mit den Helden und Verlierern der Gesellschaft konfrontiert. Die Medien sind schnell dabei, ein Bild von schwarz und weiß zu zeichnen. Die Leistungen erfolgreicher Sportler, die bei Weltmeisterschaften als Favorit auf den Gesamttitel gehandelt wurden, werden nach Erreichen des dritten oder vierten Platzes von Reportern teilweise als „indiskutabel" oder „bittere Enttäuschung" bewertet.

Wenn man in seiner Geschäftswelt unterwegs ist, geht es selten darum, der Allerbeste zu sein. Wir sollten uns hier nichts vormachen. Es geht vielmehr darum, anfangs seiner eigenen Person und seiner eigenen Leistungsfähigkeit zu vertrauen. Es ist unmöglich, dass es jeden Tag bergauf geht und dass man fehlerfrei durch das Tagesgeschäft gleitet. Eigenartigerweise jedoch ist unser Vertrauen in die Zukunft gerichtet und beruht gleichzeitig auf unseren Erfahrungen aus der Vergangenheit. Somit können Niederlagen, die etliche Jahre zurückliegen, heute immer noch nachhallen und die gefühlte Leistungsfähigkeit schmälern. Hier liegt die Aufgabe dann darin, diese mentalen Blockaden zu überwinden. Aus kleinen Siegen oder Situationen, bei denen wir uns gut angestellt haben, sollten wir lernen, wir sollten von ihnen zehren und uns immer wieder aufs Neue ins Bewusstsein rufen, dass wir Stärken haben, die uns nach vorne bringen und auf die wir uns verlassen können. Eine Vielzahl von uns ist nicht mit einem natürlichen Selbstbewusstsein ausgestattet, um allein etwas Entscheidendes anzugehen, auch mit dem damit verbundenen Risiko, ein Projekt in den Sand zu setzen. Das ist völlig natürlich.

Jedoch sollten wir ebenso den Mut haben, die Realität auch so annehmen zu können, wie sie ist. Dazu gehört dann auch, die notwendigen Schlussfolgerungen und Konsequenzen zu ziehen. Jeder von uns hat Bereiche, in denen wir uns wohl fühlen. In anderen Bereichen kennen wir uns nicht so gut aus. Es kann dann so erscheinen, als ob andere uns weit voraus wären. Jedoch kochen die anderen auch nur mit Wasser. Es ist wichtig, auf seine eigenen Fähigkeiten und Erkenntnisse zu bauen, die Situationen und eigenen Aktionen stets zu evaluieren, um dann daraus zu lernen, bestimmte Fehler nicht zu wiederholen.

Es geht darum, die Neugierde zu hegen, unser Glück herauszufordern, Schritte ins Ungewisse zu gehen, vielleicht ein kleines Risiko einzugehen und mit Mut Neuland zu erkunden. Mit dem Erreichten sollten wir uns nicht zufriedengeben, sondern darauf aufbauen. In vielen Bereichen unseres Lebens haben wir die Möglichkeit, unser Glück zu beeinflussen. In der Familie, in der Liebe, in unserem Freundeskreis, im Umgang mit unseren Finanzen, aber auch in der Zeit vor, in und nach dem Job helfen uns die Erfahrung, die Vernunft und unser Herz immer besser, die passenden Entscheidungen zu treffen. Wir lernen ständig dazu und es fällt uns leichter, Aufgaben zu lösen. Diese Erkenntnis sollte uns ermutigen, auch über den spannenden und interessanten Sprung in die Selbstständigkeit nachzudenken. Gib deinem beruflichen Glück also eine Chance.

2.7 Das Glück in die eigene Hand nehmen

An dieser Stelle möchte ich gern das Glück noch etwas näher untersuchen. Der römische Philosoph Seneca tat dies meiner Ansicht nach bestmöglich. Zusammenfassend drückte er aus: „Glück entsteht, wenn Vorbereitung auf Chance trifft." Dieses Zitat legt nahe, dass wir durchaus einen großen Einfluss darauf haben, unser Glück mitzubestimmen. Je besser wir uns vorbereiten, umso wahrscheinlicher wird es sein, dass wir unsere Chance bekommen und etwas Großartiges dabei herauskommt. Wenn wir parallel das Sprichwort „Vorbereitung ist die halbe Miete" in die Betrachtung miteinbeziehen, sollten wir uns relativ sicher fühlen gegenüber unserer beruflichen Herausforderung. Sprich, seinen eigenen Beitrag zu leisten, zu tun, was in seinen Möglichkeiten ist, und letztendlich darauf zu vertrauen, dass man dadurch auch belohnt wird; nicht direkt und nicht durch magische Hand. Vielleicht braucht es einen langen Atem. Unser Durchhaltevermögen und Standkraft, unser Willen und unsere Leidensbereitschaft werden auf die Probe gestellt. Und oftmals wird von uns verlangt, dass wir die Zähne zusammenbeißen, unangenehme Situationen durchstehen, bevor wir letztendlich zu den Glücklichen zählen, denen es scheinbar in die Wiege gelegt wurde, erfolgreich zu sein.

Ich finde, je härter ich arbeite, desto mehr Glück scheine ich zu haben. Thomas Jefferson

Sicherlich kennst du auch die eine oder andere Person, mit der du in der Schule warst oder die einmal in deiner Straße gewohnt hat, die es zu etwas „gebracht" hat. Oftmals fragt man sich, ob diese Person denn so viel schlauer oder cleverer war als man selbst.

Abgesehen von bestimmten Talenten, die man entweder in sich trägt oder nicht, ist meiner Meinung nach nur eine Frage entscheidend: Bin ich bereit und habe ich den Mut, eine Chance anzugehen, oder lasse ich sie links liegen? Ich vergleiche es wieder mit einer Situation aus dem privaten Leben: Hat man den Mut, eine interessante Frau oder einen interessanten Mann anzusprechen, ja oder nein? Entscheiden wir uns für nein, können wir uns tage- oder auch wochenlang über die vergebene Chance ärgern. Lautet die Antwort ja, so führt dies vielleicht nicht zu dem direkten Erfolg, den man sich erhofft hat. Jedoch bleibt zumindest eine Lernerfahrung. Und wer weiß, vielleicht ist es genau diese Lernerfahrung, die dann in einer zukünftigen Situation dazu führt, dass man einen noch viel größeren Erfolg hat, als man es sich zuvor erträumt hatte.

Aber zurück zum Geschäft: Wir sollten kurz deine Geschäftsidee aus der Sicht potenzieller Kunden betrachten.

Wie viele Firmen gibt es, die eine Kundenzufriedenheit von 100 % haben? Vermutlich nicht eine einzige auf der Welt. Coca-Cola gibt es auf dem gesamten Erdball. Aber es gibt sicherlich viele Kunden, die gerne bereit wären, eine neue, andere Cola auszuprobieren, die anders schmeckt, eventuell umweltfreundlicher verpackt ist, die Kunden anders anspricht, gesünder ist usw. Natürlich können wir darüber sprechen, dass man auch davon ausgehen kann, dass irgendjemand dein Produkt nicht mögen wird. Aber sich darauf zu konzentrieren, würde einem doch nur Sand ins Getriebe werfen. Stattdessen möchte ich auf etwas anderes hinweisen. Gehe davon aus, dass auch, wenn es scheinbar bereits alles am Markt gibt, ein Teil der Konsumenten dir zumindest eine Chance geben wird, um dein Produkt auszuprobieren. Anschließend liegt es an dir, sie zu überzeugen, deinem Unternehmen auch als Kunde treu zu bleiben.

2.8 Einkommen

In den ersten Arbeitsjahren ist es vorteilhaft, verschiedene Firmen kennenzulernen und, wenn möglich, in verschiedenen Positionen zu arbeiten. So wird einem bewusst, wie die verschiedenen Bereiche ineinander übergehen, welche Bereiche besser zu einem passen, wie und wo das Geld konkret erwirtschaftet wird und dass in einem funktionierenden Unternehmen letzten Endes alles recht logisch aufgebaut ist.

Wenn du nach deiner Ausbildung den eigenen Familienbetrieb übernehmen möchtest, würde ich dir empfehlen, die Arbeitsabläufe bei mindestens zwei weiteren Firmen zu beobachten und kennenzulernen. Das ist sehr vorteilhaft, um nicht nur einen gewissen „neuen Schwung" in den Betrieb zu übertragen, sondern auch überalterte Strukturen zu verbessern und zu verschlanken.

Die Führungskräfte in einer Firma sind primär dafür verantwortlich, die Richtung vorzugeben, die Gewinn- und Kostenstruktur im Auge zu haben, die Mannschaft zusammenzuhalten und das Produktportfolio modern und interessant zu gestalten. Aufgrund dieser verschiedenen Verantwortungsbereiche ist ein höheres Gehalt für diese Personengruppe auch angebracht. Jedoch sind auch dort die Möglichkeiten der Gehaltssteigerungen begrenzt.

Laut dem Institut für Mittelstandsforschung (IfM) verdienen die Spitzenverdiener unter den Selbstständigen mehr als Angestellte mit hohem Einkommen. Auch das durchschnittliche Einkommen der Selbstständigen liegt weit oberhalb des Durchschnittseinkommens der Angestellten. Solange du jedoch noch für jemand anders arbeitest, wird dir der Chef nie verraten, wie wichtig du ihm bist. Da du keinen Einblick in die entscheidenden Firmendaten hast, kannst du auch selber nur erahnen, welchen monetären Vorteil du deinem Chef und der Firma erarbeitest.

Als Selbstständiger hat man stets mit dem potenziellen Risiko zu kämpfen, dass das Geschäftsmodell nicht den gewünschten Ertrag bringt. Aber gerade deshalb, da man bereit ist, ein Risiko einzugehen, ist die Kehrseite davon die Möglichkeit, etwas mehr, oder sogar viel mehr zu verdienen.

Du musst bereit sein, die Dinge zu tun, die andere niemals tun werden, um die Dinge zu haben, die andere niemals haben werden.
Les Brown

Auf dem Weg dorthin solltest du dir ein wenig Zeit geben. Gerade in den ersten fünf Jahren ist es wahrscheinlich, dass es kurzfristig zu finanziellen Engpässen kommt. Die Nachfrage der Kunden verläuft in Zyklen. Deine Werbeaktionen werden einmal kleinere Früchte und ein anderes Mal größere Früchte abwerfen. Erst die Erfahrung wird dir dabei helfen und zeigen, welche Produkte bei deinen Kunden besser ankommen, welche Produkte eventuell im Sommer oder Winter leichter zu vermarkten sind, mit welchen Einkaufsengpässen du eventuell zu bestimmten Zeiten rechnen musst, usw. Du wirst bei deinen Lieferanten nicht zu Beginn die besten Einkaufskonditionen erzielen können, da die besseren Preise in der Regel mit größeren Abnahmemengen einhergehen, die du zu Beginn nicht ordern kannst. Gleichzeitig solltest du davon ausgehen, dass die größeren Kunden erst später von deiner Firma Kenntnis nehmen oder ihr Vertrauen schenken werden, da du dir erst einen Namen erarbeiten musst, und deine Firma Zeit für die Etablierung am Markt benötigt. Es gibt somit verschiedene Faktoren, die dein Einkommen als Selbstständiger beeinflussen. Als selbstständiger Unternehmer kannst du viele Einkommensfaktoren mitbestimmen und das solltest du auch. Du solltest versuchen, dich generell auf deine Stärken zu konzentrieren, und versuchen, dich permanent weiterzubilden. Setze deine Fähigkeiten so ein, dass sich dein Produktportfolio stets verbessert, sowohl qualitativ als auch in der Breite. Ob Aus- und Weiterbildung, die wachsende Berufserfahrung, die geleistete Arbeitszeit, das Fachwissen und das Durchhaltevermögen, gerade in schwierigen Zeiten – all diese Faktoren hast du in deiner Hand und bestimmst sie mit deiner professionellen Einstellung tagtäglich mit.

Wichtig: Probiere stets neue Methoden und Wege aus und sei mutig! Bemühe dich stets um die besten und kreativsten Mitarbeiter. Jeder neue Mitarbeiter kann dir mit Hilfe von neuen Impulsen und unkonventionellen Herangehensweisen neue Ideen aufzeigen und deinen Betrieb bereichern und voranbringen. Man sollte versuchen, seine eigene Produktpalette stets auszubauen, und sich dabei parallel im Markt ein Alleinstellungsmerkmal erarbeiten. Die Kunden sollen aus einem bestimmten Grund zu dir kommen. Dieses Merkmal, das deine Firma von anderen abhebt, muss man sich erarbeiten und es dient einem ebenfalls zur Identifikation, zur Stärke und zur Bestätigung. Ein Beispiel hierfür wäre besonders geschultes Personal oder ein besonderer Umgang mit den Kunden.

Gleichzeitig solltest du dir am Markt entweder einen sehr speziellen Marktplatz erarbeiten, oder beispielsweise ein sehr breit gefächertes Angebot offerieren. Viele Kunden mit unkonventionellen Arbeitszeiten kann man auch über längere Öffnungszeiten erreichen, da deine Mitarbeiter möglicherweise in zwei Schichten arbeiten. Es sollte das Ziel sein, Kunden länger zu binden und stets an neue Zielgruppen zu gelangen, ohne sich dabei selbst zu überschätzen und den neuen Mitarbeitern zu viel Verantwortung zu übertragen, mit der sie noch nicht umgehen können.

In den ersten Jahren einer Firmengründung hat man den Vorteil eines geringen Kostenapparates. Das ist ein nicht zu unterschätzendes Argument für jede Firmengründung. Allerdings hat dies auch zur Folge, dass dein Einkommen erst einmal relativ bescheiden ausfällt bzw. ausfallen sollte. Es dauert eine gewisse Zeit, bis die einzelnen Prozesse und Geschäftsbeziehungen wachsen. Von Jahr zu Jahr sollte dein Einkommen parallel zum Geschäftsgewinn tendenziell zunehmen. Spätestens innerhalb von fünf bis acht Jahren sollte es dir möglich sein, dein Einkommen so zu steigern, dass du bedeutend mehr verdienst als in einem Angestelltenverhältnis im gleichen Bereich.

Selbstverständlich ist auch jedes Jahr individuell zu bewerten, da sich politische und wirtschaftliche Rahmenbedingungen ändern und punktuelle oder saisonale Ereignisse den Geschäftserfolg beeinflussen. Wenn wir das Beispiel des Getränkegroßhandels wieder aufgreifen, sind ein lang anhaltender Sommer oder ein längerer Verbleib der Deutschen Fußballnationalmannschaft bei einer Fußball-WM sicherlich vorteilhaft für den Absatz.

Andererseits gibt es natürlich auch negative Einflüsse, die du als Unternehmer nicht beeinflussen kannst. Allerdings kannst und solltest du dich als Unternehmer auch auf schlechte Zeiten vorbereiten. Während der wirtschaftlich erfolgreichen Zeit ist jeder Unternehmer verpflichtet, Rücklagen zu bilden. Jeder Unternehmer ist somit aufgerufen, einen Großteil des jährlichen Firmengewinnes in der Firma zu belassen, um mit Hilfe dieser Rücklagen langfristig die wirtschaftlich schwierigen Zeiten durchzustehen.

Fabian, Ende 30, Unternehmer und Nachfolger eines deutschen Mittelständlers.

Nach meinem abgeschlossenen Studium in internationaler Betriebswirtschaft und anschließendem Masterstudium im Ausland arbeitete ich bei Kapitalgesellschaften, die Unternehmensübernahmen planen und finanzieren.
Welch großer Kontrast war es dann, als ich selber den Mut in die Hand nahm und als Nachfolger bei einem mittelständischen Unternehmen einstieg. Die ers-

ten Wochen in der schwäbischen Provinz boten einen starken Kontrast zu meinem bisherigen Werdegang: Aus Angst vor Elektrosmog der Ehefrau des bisherigen Eigentümers gab es kein WLAN, dafür gab es Unmengen Papier und Improvisation statt geordneter Prozesse.

Ich war mir nie zu schade, selbst anzugreifen, selbst einfache Arbeiten zu verrichten, oder in den Niederungen des Unternehmens die Grundlagen für den späteren Erfolg zu suchen.

Basierend auf Zahlen der Vergangenheit rechnete ich damit, in fünf Jahren meinen Millionenkredit mit persönlicher Haftung zurückzahlen zu können. Es kam jedoch ganz anders. Eine Krise nach der anderen erfasste das Unternehmen. Kurz nach meiner Übernahme brach ein Großteil des Umsatzes weg. Banken gaben keine Kredite mehr, Kostenexplosion bei der Containerschifffahrt, dubiose Kontrollen beim Zulieferer, die zur Sperrung der Fabrik führten, Schließung der Einzelhändler wegen der Corona-Krise und vieles mehr. Dazu kamen auch Probleme innerhalb des Unternehmens: Konnte ich unserer Verbindungsperson zum chinesischen Produzenten vertrauen, oder spielte sie mehr für dessen statt für unsere Seite? Plötzlich schienen alle Konstanten der Vergangenheit auf den Kopf gestellt. Was brachte mich durch diese Zeit?

Zuversicht, Gelassenheit, Mut und Vertrauen. Vertrauen nicht nur in meine eigenen Stärken, sondern, dass – komme, was wolle – ich OK sein würde. In meiner ersten Zeit als Chef wohnte ich auf dem Campingplatz in einem Zelt. In meiner Studienzeit gab es Zeiten, in denen ich ähnlich prekär wohnte. Jedoch fehlte es mir an nichts. Später erinnerte ich mich an diese Momente. Ich schöpfte Kraft daraus, mich an den sommerlichen Sternenhimmel zu erinnern, den ich vor dem Einschlafen vor Augen hatte.

Was ist schon das bisschen Kälte im Hier und Jetzt auf der Erde, wenn man die funkelnden Sterne in den zauberhaften Weiten unseres Universums vor Augen hat?

3 Das Geschäftsfeld sollte zum Unternehmensgründer passen

Während unserer Schulzeit gibt es Fächer, die uns mehr zusagen, und andere, bei denen es uns schwerer fällt, die Hausaufgaben frühzeitig zu erledigen. Nach der Schulzeit entscheiden wir uns auch für ein bestimmtes Themenfeld in theoretischer oder praktischer Form, da wir wissen, dass uns andere Bereiche weniger liegen.

Demzufolge ist es auch bei der Wahl der Materie für jeden Unternehmer wichtig, sich für ein Feld zu entscheiden, bei dem das Interesse von innen kommt, und dass man somit auch inhaltlich eine Vorreiterrolle in der Firma einnimmt und wichtige Impulse setzt. Die Lust und der Spaß an der Arbeit sind essenziell, um mittel- und langfristig Aufgaben ordnungsgemäß zu erfüllen und um beispielsweise nach dem Urlaub wieder mit Schwung und neuem Elan an die Sache heranzugehen.

Wenn man als Schüler besonders gern Mathematik und Physik mochte, ist davon auszugehen, dass man später als Lehrer auch diese Fächer leichter und motivierender vermitteln kann als andere Fächer, die man selber nicht mag. Durch Geduld, Hingabe und ausreichend Einfühlungsvermögen können Lehrer in der Lage sein, auch weniger interessierte Schüler für ihre Materie zu begeistern. Warum soll es bei einem Unternehmer anders sein?

Bei Familienunternehmen kommt es oft zu Spannungen, da die Interessen der verschiedenen Generationen zum Teil recht unterschiedlich sind. Oftmals scheitert eine Weitergabe der Firma am fehlenden Interesse bzw. der fehlenden Leidenschaft der Nachfolgegeneration, oder auch an den Eigenarten und der Schwierigkeit des Seniorchefs, loszulassen. Das ist sicherlich aus Sicht der Mutter-/Vatergeneration traurig, da das Geschaffene nicht innerhalb der Familie weitergegeben wird, andererseits sollte man auch nicht den Fehler machen, seinem Kind die ungewollte Firma aufzuzwingen. Was einen selbst zur Selbstverwirklichung antreibt, kann für eine andere Person puren Zwang und absolute Lustlosigkeit bedeuten. Aus diesem Grund sollte man sich auch ab dem ersten Tag seiner Ausbildung vorrangig auf seine eigenen Interessen und Vorlieben berufen und sich nicht von nahestehenden Personen von seinen Hauptinteressen abbringen lassen, dafür ist dieses Thema zu wichtig, wie bereits in Punkt 2.1 erläutert.

Als Unternehmer haben wir diverse Freiheiten. Gleich zu Beginn ergibt sich die Möglichkeit, seinen Job selbst zu bestimmen. Das ist genial. Ich darf mir selber etwas aussuchen und falls ich eine Firma nicht übernehme, kann ich eine Firma neu gründen und alle Bestandteile selber definieren. Und falls ich eine bestehende Firma übernehme, kann ich diese in Zukunft so steuern, verändern und führen, wie ich es für richtig halte.

Wie oft schimpft man als Angestellter über seine Kollegen, seinen Chef oder Chefin, die Firmenpolitik, die Verantwortungsbereiche und vieles mehr? Warum sollten wir uns das Leben gleich zu Beginn der Firmengründung unnötig schwer machen und einen anderen Bereich aussuchen als den, der am besten zu uns passt? Mittel- und langfristig benötigen wir einen Antrieb, der gewissermaßen lustgesteuert ist und der uns über diverse kleinere und größere Niederlagen und Enttäuschungen hinwegschauen lässt. Der englische Philosoph William Hazlitt (1778–1830) hat einmal gesagt: „Wer seine Sache nicht mag, den mag sein Geschäft auch nicht." Diese Bezeichnung empfinde ich als recht passend, denn nur ein leidenschaftlich engagierter und motivierter Chef übermittelt Glaubhaftigkeit und kann von seinen Mitarbeitern und Partnern überdurchschnittlichen Einsatz erwarten.

Bei der Auswahl des Geschäftsfeldes sollte es zu Beginn weniger darum gehen, sich auf betriebswirtschaftliche Kennzahlen zu stürzen, sondern um die Gedanken, mit welcher Materie man sich jahrelang gern auseinandersetzen möchte. Nur mit der richtigen Materie können die wichtige Selbstmotivation und das Durchstehen von Krisen gewährleistet werden. Als Chef muss man gerade in Zeiten, in denen es nicht so gut läuft, Überstunden schieben und zusätzlich noch Energie haben, seine Mannschaft anzutreiben, natürlich im positiven Sinne.

Nur, wenn man als Selbstständiger für seine Sache brennt, freut man sich automatisch auf den nächsten Arbeitstag und vergisst oft, wie weit die Zeit bereits fortgeschritten ist. Das ist ein Luxus, den die meisten Angestellten nicht allzu oft verspüren.
Thomas Weider

Schon aus Verantwortung seinen Mitarbeitern gegenüber ist es wichtig, dass die Materie gut zum Unternehmer passt, da ansonsten weniger Energie für neue Produkte oder an neuer Technologie gearbeitet wird. Der Bereich der Produktinnovation ist für viele Firmen entscheidend, um am Markt länger erfolgreich zu sein. „Vorsprung durch Technik" heißt es nicht unbegründeterweise bei einem Automobilunternehmen.

In vielen Wirtschaftsbereichen werden Produktzyklen immer kürzer und etablierte Angebote müssen durch neue Produkte ersetzt werden, will man nicht wichtige Marktanteile verlieren. Der Verlust von Marktanteilen ist mittel- und langfristig fast immer mit Freistellungen von Mitarbeitern verbunden.

Freiheit bedeutet Verantwortung. Das ist der Grund, warum die meisten Menschen sich vor ihr fürchten.
George Bernard Shaw

Es ist sehr wahrscheinlich, dass besonders in den ersten Jahren Kundenaufträge nicht konstant sind, und das Unternehmen demzufolge in einigen Monaten weniger Geld generiert als in anderen. Da die meisten Kosten allerdings konstant sind, kann es auch einmal eng werden. Du wirst mir sicherlich zustimmen, dass es dann nichts nützt, zu sagen: „Ich hätte lieber etwas anderes machen sollen, was mir besser liegt." Dinge in der Vergangenheit kann man nicht ändern. Natürlich sollte man auch an eine Reduzierung der Kosten denken. Noch wichtiger ist es jedoch, den Blick nach vorne zu werfen, konzentriert an seinen kurzfristigen Umsatzzielen zu arbeiten. Sieh es als sportliche Herausforderung.

4 Organisation

4.1 Planung

Wenn man von seinem eigentlichen Unternehmenskonzept überzeugt ist, wird es Zeit, sich detaillierte Gedanken über die Strukturen des Unternehmens zu machen.

Wichtig: Lass dich nicht beunruhigen, wenn du nicht Wirtschaftswissenschaften studiert hast. Natürlich bildet eine Ausbildung eine solide Grundlage, allerdings ist dies noch lange keine Garantie für den Erfolg. Es hängt vom ersten Tag an mehr von deinem Gefühl und deinem natürlichen Menschenverstand ab, als von irgendwelchen Noten oder Fächern, von denen du nach fünf Monaten eh mehr als die Hälfte vergessen hast. Nutze deine kreative Vorbereitungszeit, um von Bekannten, Freunden, möglicherweise dem Steuerberater der Familie, Nachbarn, die eventuell selbstständig arbeiten, und anderen Informanten Tipps zu erhalten. Höre dir deren Zweifel an, aber lasse dich nicht von deiner Linie abbringen. Du wirst feststellen, dass die Mehrheit deiner Gesprächspartner, die nicht selbstständig sind, eher davon abraten oder jedenfalls sehr skeptisch der Sache gegenüberstehen wird. Das ist ganz normal und sollte dich nicht aus deinem Gleichgewicht bringen.

Parallel solltest du dich zum Thema Geschäftsplanung in einschlägiger Fachliteratur und im Internet belesen. Realitätsnahe Annahmen zu deiner Kostenstruktur (fixe und variable Kosten) und dem notwendigen Absatz sind wichtige Fundamente. Erstelle einen taktischen Lageplan. Mit welchen operativen Maßnahmen (zum Beispiel das monatliche Werbebudget oder die monatliche Absatzentwicklung) möchtest du längerfristig welche grundlegenden Ziele (zum Beispiel jährliches Wachstum von 15 % innerhalb der ersten sieben Jahre oder einen Marktanteil von 20 % innerhalb eines räumlichen Marktgebietes) des Unternehmens erreichen? Sehr wichtig ist es aus meiner Sicht, dass dir die Materie liegt, du bereits 6–30 Monate in diesem Bereich gearbeitet hast und dass du ein gutes Gefühl dabei hast, dass es ausreichend Kunden für deine Produkte oder deinen Service gibt und du eine realistische Chance darin siehst, dir im angestrebten Markt einen notwendigen Platz zu verschaffen. Viele versuchen, die ersten Monate parallel neben ihrem eigentlichen Hauptjob zu starten. Das kann in vielen Fällen vorteilhaft sein, hier muss man nur dabei aufpassen, keine juristischen Fehler zu begehen, um Schwierigkeiten mit dem Noch-Arbeitgeber zu vermeiden. Falls du nicht Single bist und der Partner ein sicheres Einkommen hat, kann das noch mehr dabei beflügeln, selbstbewusster an die Sache heranzugehen, um deine Geschäftsidee zu verwirklichen. Wie bereits angesprochen ist der Start in die Selbstständigkeit nicht ratsam ohne gewisse Rücklagen. In der Regel sind bestimmte Anschaffungskosten zu Beginn einzukalkulieren, genauso wie die Zeit von oftmals bis zu zwei Jahren, bis eine zufriedenstellende Einkommensstruktur aufgebaut werden kann.

4.2 Konzentration auf das Wesentliche

Unabhängig von der angestrebten Gesellschaftsform ist es notwendig, eine gewisse finanzielle Basis zu haben. Aus meiner Sicht ist es vorteilhaft, über ein Startkapital von minimal zwanzig-, dreißigtausend Euro zu verfügen. Falls du dieses Kapital nicht hast, gib dir ein, zwei Jahre Zeit, bis du genügend Geld zusammengespart hast, oder überlege bereits vorzeitig, einen Partner mit ins Boot zu holen. Über die Vor- und Nachteile eines weiteren Gesellschafters findest du nähere Informationen im Punkt 5.6.

Je höher dein Anfangskapital ist, desto sicherer und gelassener startest du in die ersten Monate. Gehe pflichtbewusst mit jedem Euro um und konzentriere dich auf das Vermarkten der Produkte oder des angebotenen Service, damit Geld in die Kasse kommt, ohne steuerrechtliche Faktoren zu vernachlässigen. Ohne einen Steuerberater wird es kaum gehen. Versuche, Sonderkonditionen für das erste Jahr zu erwirken. Nur Mut, du schaffst das!

Traue dich, nach einigen Wochen auch größere Kunden anzusprechen, um mögliche Berührungspunkte zu erarbeiten, da du in der Lage sein wirst, eventuell günstiger oder schneller Leistungen anbieten zu können als andere Wettbewerber. Frage Kunden, ob sie bestimmte Eigenschaften an aktuellen Produkten vermissen oder eventuell konkrete Serviceangebote bei der Konkurrenz vermissen. Es ergeben sich in jedem Markt gute Möglichkeiten und gerade zu Beginn deiner Tätigkeit solltest du versuchen, noch unbesetzte Marktplätze zu besetzen.

Des Weiteren solltest du deinen Kunden deutlich machen, wodurch sich dein Service unterscheidet. Nutze die Möglichkeit, dein Geschäft als NEU zu offerieren. Diesen Vorteil solltest du jetzt ausspielen, damit du bei bestimmten Kunden bessere Karten hast, die gern neue Produkte ausprobieren und für die Kundentreue nicht so relevant ist. Versuche besonders in den ersten Wochen und Monaten, dich nicht in Details zu verlieren. Das exakte Design deiner Visitenkarte wird beispielsweise nicht entscheidend sein, ob du das erste Geschäftsjahr überstehen wirst oder nicht.

Neben der eigentlichen Ideenumsetzung ist es sehr wichtig, dass du mit deinem Körper ausgewogen umgehst und ihn nicht überforderst. Versuche, regelmäßig und möglichst gesund zu essen. Versuche ebenfalls, regelmäßig und ausreichend Schlaf zu bekommen. Gönne dir Ruhephasen. Versuche mindestens ein- bis zweimal pro Woche Sport zu treiben, um einen wichtigen physischen und geistigen Ausgleich zu gewährleisten und um das seelische Wohlbefinden zu erhalten. Sprich in dieser Zeit vorrangig mit Leuten, die dir guttun und die dich in deinem Projekt unterstützen.

Du wirst bereits ab dem ersten Tag deiner Selbstständigkeit bemerken, dass sich entscheidende Dinge ändern. Du kommst leichter aus dem Bett und freust dich auf alle Tagesaufgaben. Dein Arbeitstag besteht aus interessanten Herausforderungen. Wenn du mit einer Aufgabe fertig bist, ergibt sich automatisch die nächste. Es ärgert dich, dass es bereits achtzehn Uhr ist. Wahnsinn!

Spätestens nach dem ersten Monat ist es Zeit, die ersten kleinen Erfolge zu feiern. Stoße mit deinem Partner, deinen Eltern oder deinem besten Freund an oder gehe schön essen. Du wirst erst viel später feststellen, dass du bereits viel weiter bist, als du es an diesem Tag annimmst. Wenn du diszipliniert und fleißig an jede Tagesaufgabe herangehst, gerät das Gefühl des unternehmerischen Risikos schnell in den Hintergrund. Mit jedem kleinen Etappenziel wirst du mutiger und erkennst neue Möglichkeiten. In der folgenden Abbildung ist sehr gut erkennbar, welche persönlichen Investitionen nötig sind, um beruflichen Erfolg einzufahren.

ERFOLG

ist wie ein Eisberg

Ausdauer

Kritik

Fehler

Selbstzweifel

Mut

Verzicht

Spott

Neid

Investition von
Zeit und Geld

Ablehnung

Fleiss

Rückschläge

Tränen

Disziplin

Fokus

Enttäuschung

Organisation ist nicht nur „das halbe Leben", sondern ist für alle Unternehmer fundamental notwendig. Eine professionelle Organisation ermöglicht es dir, zu schwimmen statt unterzugehen. Du hast ständig eine Prioritätenliste im Kopf – oder noch besser – aufgeschrieben, die es abzuarbeiten gilt. Verzettel dich an dieser Stelle nicht mit unzähligen Apps und technischen Hilfsmitteln. Manchmal tun es auch einfach ein Stift und ein weißes Papier, auf dem man die Tagesaufgaben festhält. Es bereitet dann eine schöne Genugtuung, wenn man nach Abarbeiten eines Punktes ihn einfach durchstreichen kann. Eine Planung Anfang der Woche ist hilfreich. Versuche, dir nicht den Kalender zu überladen oder dich schlecht dabei zu fühlen, nicht alle zwanzig Aufgaben an einem Tag erledigt zu haben. Oftmals ist es möglich, die Arbeitsaufgaben auf verschiedene Tage zu verteilen. Wir haben vorhin den Bereich Sport und körperlicher Ausgleich angesprochen. Auch diese Aktivitäten gilt es im Kalender zu hinterlegen, damit man sie nicht als separat, sondern als Teil seiner Routine annimmt.

Wichtig ist, dass du am Ende einer Woche die grundsätzlichen Dinge umgesetzt hast bzw. zu neuen Erkenntnissen gelangt bist, um deine kurzfristigen Ziele zu erreichen.

Ein elektronischer Kalender kann dabei helfen, dich automatisch an bestimmte Treffen oder Anrufe zu erinnern. Um fokussiert arbeiten zu können, solltest du aber zu viel Ablenkung vermeiden. Zum Beispiel kann man sich während des Tages Zeiten reservieren, an denen man E-Mails abarbeitet, ansonsten allerdings nicht direkt reagiert, wenn eine neue Nachricht eintrifft. Atemübungen und Dehnübungen kann man gekonnt über den Tag verstreut einbauen, sodass man am Abend frisch aufhört und mit Lust auf den neuen Tag in den Feierabend geht. Ein solcher selbstgesteuerter Arbeitstag ist schneller vorbei, als man das als Angestellter gewohnt ist, nur stehst du jetzt selbst in der Pflicht,

Ergebnisse zu liefern. Es gibt Leute, die auch ohne Arbeitsstruktur zum Ziel kommen. Aber mit Arbeitsstruktur benötigst du nicht nur die Hälfte der Zeit, sondern letzten Endes bildet deine eigene Arbeitsstruktur auch das Gerüst für den gesamten Betrieb.

Je mehr Leute in deinem Geschäft beschäftigt sind, umso weniger Zeit hast du in der Regel für deine eigenen oder auch selbstgesteckten Aufgaben. Demzufolge ist es wichtig, deine Arbeitsorganisation bei Vergrößerung der Firma anzupassen und Verantwortungsbereiche abzugeben. Ich weiß aus eigener Erfahrung, dass dies in der Praxis nicht ganz einfach ist. Viele Selbstständige arbeiten länger als ihre Mitarbeiter. Das ist auch in Ordnung, jedoch sollten die Verantwortlichen versuchen, ihren Arbeitstag durch kurze Pausen aufzuteilen und parallel die Mitarbeiter zu mehr Eigenverantwortung zu befähigen. Oftmals kannst und solltest du dir den Luxus gönnen, kleine private Angelegenheiten tagsüber mit zu organisieren. Diesen Vorteil solltest du ausspielen, sobald die Voraussetzungen es zulassen. Lasse dich jedoch nicht zu sehr von den teils schwierigen oder mühsamen Tätigkeiten abhalten. Jeder erfüllte Arbeitstag bringt dich wieder ein kleines Stückchen weiter in deiner Selbstständigkeit.

Neben der Notwendigkeit einer strukturellen Arbeitsorganisation sollte ebenso die Verlässlichkeit dein ständiger Begleiter sein. Du wirst nur zu einhundert Prozent ernst genommen, wenn du zu deinem Wort stehst und bei Terminen pünktlich erscheinst. Deine Geschäftspartner bauen somit das notwendige Vertrauen auf und lernen, dich zu schätzen, indem du eine klare Linie demonstrierst. Diese wird zum Großteil durch deinen Charakter und deine professionelle Arbeitseinstellung geprägt.

4.4 Einzel- oder Großhandel

Bevor du loslegst, solltest du dir grundlegende Gedanken machen, ob du lieber den Endkunden direkt beliefern oder eine Stufe weiter unten Teil der Lieferkette werden möchtest, und somit Geschäftskunden bedienst. Für beide Optionen gibt es entscheidende Vor- und Nachteile. Im Einzelhandel arbeitest du automatisch mit höheren Margen. Hier entscheidet oft neben dem Produkt selbst der Standort sowie das geeignete Personal über Erfolg oder Misserfolg. Bei der Standortfrage muss man häufig in den sauren Apfel beißen und eine hohe Miete bezahlen, um ein gutes Lokal oder Geschäft als Absatzort zu bekommen – oder im Onlinebereich – genug in Werbung investieren, damit man gefunden wird.

Das Geschäft am Endkunden ist nicht immer einfach, besonders in kundenorientierten und von Kunden bestimmten Märkten wie dem in Deutschland. Der Kundenschutz nimmt stetig zu, Garantien müssen als verkaufende Partei gewährleistet werden und unzufriedene Kunden scheint es automatisch immer zu geben. Entweder hat der Verkaufsgegenstand einen Mangel oder der Kunde ist von anderen Eigenschaften des Produktes ausgegangen, oder aber du hast dem Kunden falsche oder angeblich falsche Versprechen gemacht, was zum Frust des Kunden führt.

Andererseits gibt es die Möglichkeit, sich für den Großhandel zu entscheiden. Hier ist sicherlich der Start auf den ersten Blick nicht ganz einfach, da man seinen Kunden natürlich mindestens ein Verkaufsargument präsentieren muss, um sich von der bestehenden Konkurrenz abzugrenzen. Die Frage ist nur, wie man das konkret anstellen soll, da man selbst als Einkäufer nicht besonders günstig einkaufen kann aufgrund der noch recht kleinen Volumina. Eine Idee ist immer, sich im Ausland umzuschauen, um dort mögliche Produkte einzukaufen oder moderne Verkaufspraktiken zu übernehmen. Hier kann es modifizierte oder aber günstigere Produkte geben. Lass dich dabei nicht unterkriegen. Wenn die Materie gut zu dir passt und es dir Spaß macht, mit Leuten zu arbeiten, du verlässlich und strukturiert arbeitest, dann wirst du konstant kleine Etappenziele feiern. Die Kundenkommunikation und die Zusammenarbeit sind generell etwas einfacher als im Einzelhandel. Sobald man sich etabliert hat und seinen Service professionell betreibt, stehen regelmäßige Bestellungen auch hier auf der Tagesordnung.

Nach einer gewissen Zeit ist es auch möglich, dein Geschäft auf beiden Ebenen zu betreiben. Der Ausbau auf die jeweils zweite Ebene ist natürlich mit einer weiteren Investition verbunden, jedoch wird das häufiger praktiziert, als man denkt, und diese Option wirft natürlich im Verkauf an den Endkunden i. d. R. recht gesunde Margen ab. Oftmals sollte man sich für zwei unterschiedliche Namen entscheiden, um klare Strukturen zu bewahren und möglichst wenige Zwischenhändler zu verärgern, da man sich jetzt an die gleiche Käuferschaft wendet.

Unabhängig von der Wahl deines Vertriebskanals heißt es, stets am Ball zu bleiben, das angebotene Sortiment klar und leicht verständlich zu präsentieren und aktuelle Tendenzen am Markt zu erkennen. Höre auf deine Kunden und behalte die Preis- und Kostenstruktur im Auge. Wenn du das Gefühl hast, dass es mit deiner Firma nicht vorangeht, wird es Zeit, etwas zu verändern, damit du weiterhin vor der Konkurrenz bestehen kannst. Hier solltest du Mut beweisen und ein gewisses kalkuliertes Risiko eingehen. Es können dabei Fehler passieren. Fehler machen alle, aber erfolgreiche Unternehmer wiederholen diese nicht.

4.5 Irgendwann geht es nicht mehr allein

Die ersten Monate der Selbstständigkeit sind nicht zu beschreiben. Man hat teilweise das Gefühl, es ist wie früher, als man das Laufen erlernt hat. Die Aufbruchsstimmung spendet einem so viel Energie und das Verhältnis zur Zeit entwickelt sich neu. Die Tage vergehen viel schneller, als man es als Angestellter noch gewohnt war. Gleichzeitig baut man auch eine neue Beziehung zum Geld auf, indem man den Wert neu für sich definiert. Man ist sich seiner persönlichen Verantwortung bewusst und gleichzeitig sollte man der Gesellschaft dankbar sein, diese Gelegenheit erhalten zu haben. Die Arbeit macht einfach nur Spaß. Dieses Gefühl kann einem kein Marketingprofessor vermitteln, der selbst nie selbstständig tätig war. Jeder neue Kunde oder jeder erfolgreiche Arbeitstag beflügelt und macht einfach nur glücklich. Ich wünsche jedem Leser, diese Erfahrung einmal am eigenen Leibe spüren zu können und diese Gefühlswelt selbst zu erleben.

Nach einer bestimmten Zeit wirst du feststellen, dass du das Geschäft allein nicht so weiterentwickeln kannst, wie du es gerne machen würdest. Du stößt zeitlich an deine Grenzen und musst dir auch eingestehen, dass es in den verschiedensten Bereichen Profis dort draußen gibt, die bestimmte Teilbereiche besser als du beherrschen und es scheinbar einfach „drauf haben". Statt dich zu entmutigen, sollte dich dies eher anspornen. Arbeite an deinen eigenen Schwächen und suche parallel nach personeller Unterstützung. Viele Profis würden nie die Möglichkeit einer Selbstständigkeit in Betracht ziehen. Mache ihr oder ihm doch ein Angebot für eine Zusammenarbeit. Gute neue Mitarbeiter sind neben innovativen Produkten der Grundstein für ein gesundes Wachstum. Wenn du es bis heute gewohnt warst, alles allein zu erstellen, vorzubereiten und zu entscheiden, wird dir dein erster Mitarbeiter deine bis dahin bekannte Welt ganz schön durcheinanderbringen! Aber auch das solltest du positiv sehen. Deine Geschäftsidee hat sich bewährt und das zählt. Jetzt schlägst du ein neues Kapitel auf und deine Firma wächst. Selbstverständlich wird nicht jeder neue Mitarbeiter die in ihn gestellten Aufgaben so umsetzen, wie du es dir vorstellst. Hier gibt es extreme Unterschiede und nicht jeder Mitarbeiter passt zu dir. Um das betriebliche Risiko zu minimieren bzw. zu relativieren gibt es auch die Möglichkeit, freie Mitarbeiter einzustellen. Meistens kann eine entsprechende Vereinbarung jedoch auf einem konventionellen Mitarbeitervertrag basieren, und somit können beide Seiten in den ersten sechs Monaten gut ausloten, ob die Wechselbeziehung sinnvoll und verlässlich ist.

5 Die Entscheidung fällen

5.1 Jetzt loslegen

Aus meiner Sicht ist das der entscheidende Abschnitt des Buches. Hier kann und wird jeder Leser entscheiden, ob er es mit seiner Überlegung ernst meint oder nicht.

In unserer Gesellschaftsform wird einem in der Regel nichts oder so gut wie nichts geschenkt. Möchte man die Vorteile eines selbstständig Tätigen genießen, muss man irgendwann loslegen und nicht jahrelang darüber nachdenken oder philosophieren, wie und ab wann man es eventuell machen könnte. Dieses Geschenk musst du dir selber überreichen, denn es bringt dir niemand vorbei. Natürlich wird es dort draußen immer Leute geben, die scheinbar schlauer, pfiffiger oder intelligenter sind als du, aber ob die gleichen Leute auch den Mut besitzen und bereit sind, den Gedanken, für sich selbst zu arbeiten, auch umzusetzen, das ist die entscheidende Frage. Rede nur mit zwei bis drei engen Bekannten oder Familienmitgliedern über deine Firmengründungsidee, dann bereite dich vor, und am Tag X legst du los.

Lass nicht die Angst vor dem Verlieren größer sein als den Drang, zu gewinnen.
Robert Kiyosaki

Man kann es als angehender Unternehmer kaum glauben, aber das Schwierigste ist es, die Entscheidung zu treffen, *loszulegen*. Genau das unterscheidet dich von anderen. Lege los. Wenn du fleißig, hartnäckig, zielstrebig arbeitest und in der Regel nicht zu häufig aneckst, verfügst du über vier wesentliche Eigenschaften, die dich als Unternehmer ausmachen. Wenn du nicht über genügend Selbstvertrauen verfügst, aber fest von deiner Idee überzeugt bist, nimm einen Partner mit ins Boot, der, wenn möglich, andere Stärken als du besitzt, aber lasse dabei nicht deine Idee sterben! Alle Unternehmer, die es in deiner Stadt, in deinem Bundesland, bundes- oder weltweit gibt, standen einmal am gleichen Punkt wie du – sie wollten und haben angefangen.

Zwei entscheidende Vorteile solltest du nicht unterschätzen: Wenn du morgen dein erstes Geschäft eröffnest, dann baue derzeitige Trends mit ein. Und zum Anderen, nutze zum Vorteil, dass du mit einer geringen Kostenbasis startest.

Ich wiederhole mich: Ob du es glauben magst oder erst selbst erfahren musst, das Schwierigste ist das Loslegen. Anschließend gehst du automatisch einen Schritt nach dem anderen. Die Reihenfolge ist oftmals nicht das Entscheidende, sondern das konzentrierte Herangehen an jede Teilaufgabe.

Vergiss nicht, unsere ganze Gesellschaft ist so aufgebaut, dass diejenigen mehr Freiheiten genießen können, die ihr Leben in ihre eigenen Hände nehmen. Wenn du früh zum Bäcker gehst, gibt es dort einen Chef, der keinen Morgen weiß, wie viele Brötchen er verkaufen wird, allerdings steht er beizeiten auf und versucht, sein Brot- und Backwarenangebot so umfangreich und ansprechend zu gestalten, dass seine Kunden gerne wiederkommen. Jeder Blumenhändler, jede Kfz-Werkstatt, jeder Cafébesitzer oder Obst- und Gemüsehändler ist seines Glückes eigener Schmied. Wenn die es alle können, warum du, lieber Leser, nicht auch?

Aus meiner Sicht kannst du nur gewinnen. Willst du deinen Freunden tatsächlich in zehn oder zwanzig Jahren noch erzählen, was du eigentlich vorhattest mit deinem Leben? Stattdessen entscheide dich doch dafür, es einfach zu leben – so wie du möchtest.

Es ist nicht genug, zu wissen – man muss auch anwenden. Es ist nicht genug, zu wollen – man muss auch tun.
Johann Wolfgang von Goethe

5.2 Jung und erfolgreich

Viele Argumente sprechen dafür, die erste Selbstständigkeit anzugehen, wenn man jung ist. Man sollte mit Anfang bzw. Mitte 20 besonders mutig sein, an seine Ideen und Vorstellungen glauben, weniger an die Risiken denken, sondern einfach nach vorn schauen und die kleinen und auch größeren Hürden mit Leichtigkeit, genügend Durchsetzungskraft und Zielorientiertheit aus der Welt schaffen. Es sollte dir egal sein, wenn du nicht jeden Monat mit einem positiven Geschäftsergebnis abschließt. Wichtiger ist, dass du jeden Tag viel Neues lernst, in die Materie tiefer eintauchen kannst und das Gefühl hast, voranzukommen. Du kannst auch die kleinen und wichtigen Etappenziele wie beispielsweise eine erste Bestellung oder eine erfolgreiche Werbekampagne für dich feiern. Sei stolz, gerade auch, weil niemand vorbeikommt und dir auf die – noch schmale – Unternehmerschulter klopft.

Nachdem du deine Firma im Handelsregister eingetragen hast, wirst du jeden Tag genau wissen, wo und an welche Stelle du die kleinen Rädchen stellen musst, um an neue Kunden zu kommen, bzw. was du unternehmen musst, damit deine Kunden gerne wiederkommen, und ebenso, wie du weiter an einer gesunden Struktur deiner Firma arbeiten kannst. Wenn du noch keine Kinder haben solltest, genieße auch diesen zeitlichen Vorteil. Du hast theoretisch jeden Tag zwei bis vier Stunden mehr Zeit, um dich um deine Firmenangelegenheiten zu kümmern.

Es gibt sicherlich kein optimales Alter, um sich selbstständig zu machen. Aber lasse die wenigen Chancen, die dir dein Leben bietet, nicht ungenutzt aus den Händen gleiten. Wenn du dich stets gut vorbereitest und an dein Projekt glaubst, dann wird dies ein Mehrfaches an Energie freisetzen, als du dir das heute vorstellen kannst. Es ist dir in den ersten Jahren nicht wichtig, ob du in Nord- oder Süddeutschland Urlaub machst, es wird dir darauf ankommen, einige Zeit zu entspannen und dich auf die neuen und interessanten Aufgaben wieder optimal vorbereiten zu können. Du hilfst deinem Geschäft auf die Beine und im Nachhinein ist die Gründerzeit der interessanteste und der spannendste Abschnitt von allen.

Hast du bereits einige Jahre an Arbeitserfahrung als Angestellter verbucht, wird dir der Erfahrungsschatz wichtige Vorteile beim Schritt in die Selbstständigkeit geben. Du kennst die Kundenbedürfnisse besser, verstehst die Abhängigkeiten und Wechselbeziehungen im jeweiligen Markt. Vielleicht weißt du auch durch einen beruflichen Fehlschlag, wie du gewisse Dinge besser anstellen könntest und welche Voraussetzungen es einzuhalten gilt. Mit dem Alter schwinden leider oftmals auch die Leichtfüßigkeit, der Mut und die Risikobereitschaft. Versuche, diese wiederzugewinnen. Hat man sich mit seinem gestiegenen Gehalt arrangiert, fällt es einem oft schwerer, die Wohlfühlzone mit seinen Sicherheiten als Angestellter zu verlassen. Auch ein goldener Käfig ist ein Käfig. In einem anderen Fall kann auch eine Entlassung ungeahnte Möglichkeiten bieten, wenn man sie als Chance begreifen kann, sich selbstständig zu machen. Viele gute Mitarbeiter, die freigestellt wurden, vertrauten auf ihre Fähigkeiten und gründeten eigene Firmen und lebten anschließend zufriedener als zuvor. Jede Krise birgt neue Chancen. Je einschneidender die Marktverhältnisse durcheinandergebracht werden, desto vielfältiger werden die neuen Möglichkeiten sein. Meine große Hoffnung ist, dass ökologische Gesichtspunkte bei politischen und wirtschaftlichen Entscheidungsprozessen zunehmend mit in den Vordergrund treten, um die wachsende Zerstörung unseres Planeten zu bremsen.

5.3 Selbstständigkeit als Lösung

Unabhängig davon, wann du deine Ausbildung abgeschlossen hast, möchte ich dich fragen, wie du dir deine beruflichen Aufgaben vorstellst. Was ist dir wichtig, was oder wie möchtest du dich beruflich verändern? Weißt du, was dir wirklich gefällt im Beruf, oder arbeitest du derzeit in einem Bereich, der nicht deinen Interessen entspricht, und hoffst auf eine tendenzielle Verbesserung? Wo siehst du deine charakterlichen Stärken und inwiefern kannst du diese in deinem jetzigen Beruf vorteilhaft einsetzen? Möchtest du gerne deinen Job wechseln, jedoch lassen es die aktuellen Umstände nur schlecht zu? Wo möchtest du arbeiten, an der frischen Luft oder doch lieber vorrangig in einem Büro, vielleicht mit eigenem Hund an deiner Seite? Würdest du gern mit mehreren Kollegen arbeiten? Ist dein jetziger Job durch zu viel Langeweile geprägt? Hättest du gerne einen kürzeren Arbeitsweg? Möchtest du bevorzugt auf dem Dorf, in einer Klein- oder Großstadt wohnen? Hättest du Lust, für eine bestimmte oder unbestimmte Zeit im Ausland zu leben? Deine zukünftigen Jobs sollen sicherlich interessant sein, aber wie und was genau macht denn deinen Job interessant? Kennst du dich eigentlich selbst gut genug, um zu wissen, welches Puzzleteil aus der heutigen Jobvielfalt am besten zu dir passt? Was ist dir primär wichtig? Freiheit, Lust, Anerkennung, Geld oder die Neugier, vieles lernen zu wollen?

Die Welt besteht aus denen, die etwas in Gang setzen, denen, die zusehen, wie etwas geschieht, und denen, die fragen, was geschehen ist.
Norman R. Augustine

Alle Generationen vor uns haben sich diese oder ähnliche Fragen gestellt. Wir haben heute allerdings das Glück, viel freier entscheiden zu können, welchen beruflichen Weg wir in friedlichen Zeiten einschlagen können. Wenn wir diese Freiheiten haben, warum sollen wir nicht nach dem Maximum streben, das möglichst alle Vorteile miteinander verbindet? Wir alle leben nur einmal. Warum, wenn wir die Freiheit haben, alles entscheiden zu können, entscheiden wir nicht auch die einzelnen Kriterien unserer Arbeitsumwelt selbst?

Wir alle sollten die Kraft und den Mut aufbringen, uns einen Arbeitsinhalt zu suchen, der uns hilft, mit unserer Arbeit mehrheitlich etwas Positives zu verbinden. Langfristig sollten wir die Arbeit als etwas Motivierendes und Interessantes betrachten, auf deren Weg man die verbrachte Zeit überwiegend als etwas Positives verbucht. Die wenigsten Angestelltenjobs können dich langfristig motivieren, denn das Interesse flacht ab und in der Regel wird man zum Spielball eines mittelgroßen oder großen Systems, wie das häufig in Gesellschaften auch gewollt ist. Auf eine aktivierende Motivation, selbstständig in die Berufswelt einzutauchen, wird an deutschen Unis nur unzureichend gesetzt.

Interessant ist, dass Kinder von Selbstständigen laut der Uni Hannover (IAB Kurzbericht 10/2015) viel häufiger eine Selbstständigkeit anstreben als Kinder aus Arbeitnehmerhaushalten. Das gilt übrigens auch dann, wenn kein elterliches Unternehmen übernommen wird. Hier geht es nicht nur um die Vorbildfunktion der Eltern. Das hat aus meiner Sicht ganz klar mit den Vorteilen der Selbstständigkeit zu tun und mit der entsprechenden Erziehung der Kinder und Jugendlichen. Selbstständige Eltern sind daran interessiert, ihre Schützlinge ebenso in ein möglichst unabhängiges Berufsfahrwasser zu leiten, da sie tendenziell von den Vorteilen überzeugt sind.

Sollten deine Eltern nicht selbstständig tätig sein, solltest du dich umso mehr von diesem Buch angesprochen fühlen, den Traum der beruflichen Unabhängigkeit umzusetzen.

5.4 Die Deutsche Kultur als Vorteil

Dass in Deutschland neben dem sozialen Allgemeinwohl auch das Freiheitsbewusstsein jedes Einzelnen in den Mittelpunkt gestellt wird, verschafft uns im Ausland hohe Anerkennung. In den kommenden Jahren wird es politisch unter anderem darum gehen, die beiden wichtigen Grundelemente Freiheit und Selbstbestimmung neu auszuloten, unter Berücksichtigungen der digitalen Veränderungen und ökologischer Verantwortungen.

Wir Deutsche sind in der Lage, mit unserer Geradlinigkeit, unserem generellen Streben nach etwas (fast) Perfektem und unserem Willen, angegangene Projekte ordnungsgemäß zu beenden, viel zu bewegen. Vieles kann man mit diesen Tugenden in der Arbeitswelt erreichen. Tendenziell sollten wir vielleicht noch etwas mehr natürliches Selbstbewusstsein und Lockerheit an den Tag legen, ohne dabei überheblich zu wirken. Im Ausland werden wir immer noch als relativ steif, gefühlsneutral und „quadratisch" eingestuft. Wir haben im Vergleich zu anderen Kulturen einen generellen Drang, Risiken in den Vordergrund zu stellen und andererseits aus der Geschichte resultierende Gegebenheiten und Geschehnisse mit ins Hier und Jetzt zu nehmen und in diesen Gedanken zu verharren. Wir möchten alles im Detail untersuchen, und genau dort ziehen andere Kulturen mit ihrer Spontanität und einer etwas praktischeren Herangehensweise an uns vorbei, besonders der angelsächsische Kulturkreis ist hier anzuführen. Dazu ein Beispiel aus dieser für Kinder gedachten Ansprache:

You can be anything you wanna be.
You can go anywhere you wanna see.
A little hard work and you can do it.
So many possibilities.
You gotta believe it, see it, and you can be it.
The answers are all inside yourself.
The universe has plenty of space and the gift that it gave to the whole human race is that we're all made of stars.
We're all made of dreams.
No matter who you are, you can do what you want, go where you like, be who you wanna be.
We're all made of stars – Finding Neverland

Diese Strophen enthalten den typischen Inhalt einer Erziehung, die auf den individuellen Aufbau des Selbstbewusstseins ausgerichtet ist und den Kindern zeigen soll, dass sie wunderbar in diese heutige Welt passen und dass sie unabhängig von ihren individuellen Fähigkeiten alles umsetzen können, was in ihrer Vorstellungskraft liegt. Das ist aus meiner Sicht inhaltlich sehr wertvoll.

Britische und amerikanische Unternehmer sind oftmals unbeschwerter, flexibler und können mit Niederlagen oder kurzfristigen Rückschlägen leichter umgehen. Deutsche gehen davon aus, dass alles immer optimal funktionieren muss, halten sich teilweise zu lange mit konventionellen Praktiken auf und haben somit manchmal das Nachsehen. Ein weiterer Unterschied besteht in der generellen Perspektive. Wir Deutsche können uns oftmals nur auf ein bestimmtes Ziel oder einen Marktplatz konzentrieren. Hier sind wieder englischsprachige Unternehmer viel weiter. Sie untersuchen Zusammenhänge und Möglichkeiten, oftmals globaler dank ihres grenzüberschreitenden Weitblicks.

Deutsche Unternehmer wie hier verbildlicht sollten versuchen, sich neben der Konzentration auf die eigenen Stärken noch konsequenter an den Besten weltweit zu messen, und sich dort von positiven Eigenschaften und Herangehensweisen inspirieren zu lassen. Hier sehe ich großes Potenzial, aber auch in der Herangehensweise in den skandinavischen Ländern und in den Niederlanden. Dort werden aus meiner Sicht viele Projekte vor Beginn stärker auf ihren langfristigen realen Nutzen überprüft, Umweltschutz wird oftmals größer geschrieben und neue Technologien oder modernere Umsetzungsprozesse werden schneller in das tägliche Leben integriert.

In der deutschen Bildungspolitik gibt es, bevor junge Leute in die Arbeitswelt entsandt werden, bereits großes Verbesserungspotenzial. Wir sollten generell versuchen, die Schwerpunkte in den Schulen vom permanenten Auswendiglernen wegzubewegen, hin zu praktischem Lernen, das auf Verständnis aufbaut. Ein Problem besteht darin, dass sich die heutige Lehrerausbildung noch zu wenig an dem orientiert, was die moderne Berufswelt eigentlich benötigt. Es fehlt an praktischem Verständnis, da auch die Politiker, die viele Entscheidungen in den letzten Jahren und Jahrzehnten getroffen haben, mehrheitlich nie in der freien Wirtschaft gearbeitet haben. Somit ist Deutschland generell zu theoretisch aufgestellt und reagiert in bestimmten Bereichen zu träge und auch häufig zu spät.

5.5 Vorteile einer Firmengründung im Ausland

Wenn du mindestens eine Fremdsprache beherrschst, solltest du erwägen, deine Selbstständigkeit im Ausland zu starten. Aber auch wenn du kein Fremdsprachengenie sein solltest, allerdings einen festen Willen besitzt, etwas aus deinem Leben zu machen, dann gehe in dein Traumland und lerne die Sprache vor Ort. Diese Erfahrung wirst du nie bereuen, wenn du bestimmte Grundüberlegungen anstellst und gewisse Vorbereitungen einhältst. Als Deutscher denkt man automatisch erst einmal an die Hürden oder Schwierigkeiten, die damit verbunden sind, und an die eigenen Defizite, den entsprechenden ausländischen Markt nicht ausreichend gut zu kennen. Betrachtet man die Situation aus einem anderen Blickwinkel, kommt man allerdings zu einem ganz anderen Schluss.

Stefan, Ende 30, Unternehmer in Brasilien
Seit 2012 bin ich in Brasilien. In Berlin arbeitete ich zuvor bei einem Investor-Unternehmen, das eine Reihe von Start-ups aufbaut. Als Investor sieht man meistens nur die Erfolgsgeschichten, Geschichten von aufstrebenden Unternehmen, die bereits die ersten Kunden haben, und mit einer Gruppe voller enthusiastischer Mitarbeiter.

Täglich spricht man mit unzähligen Unternehmern, die voller Energie sprühen, die ein tolles Team aufbauen, die ersten Kunden haben und Fahrt aufnehmen. Mich reizte es jedoch, ins Ausland zu gehen. Mit dem Investmentunternehmen ergab sich die Möglichkeit, nach Brasilien zu gehen und dort ein Unternehmen aufzubauen. Von null. Zuvor jedoch planten wir, in zwei, drei Unternehmen zu investieren, und sichteten dafür viele Firmen. Dabei stellte ich fest, dass die Logistikbranche in Brasilien nicht effizient funktionierte. Damit hatte ich den Bereich meines Unternehmens gefunden.

Es war für mich nicht das erste Mal, dass ich ein Unternehmen gründete. Als Teenager gründeten wir als Schüler eine Programmiergruppe und machten Webseiten für kleine Firmen vor Ort. Die zweite Erfahrung war während der Studienzeit, als wir für Restaurants Menüs auf dem iPad produzierten. Dies machte ich mit zwei Studienkollegen. Wir gründeten die Firma, fanden Kunden, und mit Abschluss der Studienzeit beendeten wir das Projekt.

In Brasilien also wollte ich es noch einmal probieren, diesmal nicht nur zum Ausprobieren, sondern tatsächlich ein Unternehmen mit Substanz aufbauen.

Die meisten Unternehmer fangen früh an, eigene Sachen auf die Beine zu stellen. Ich denke, man hat das gewissermaßen im Blut, in den Genen, und irgendwann fängt man dann an. Bei mir wurde es dann der zweite oder dritte Versuch, bei dem es klappte, dass das Projekt auch größer wurde.

Viele Leute kommen auf mich zu und wollen eine Firma gründen, und sie sagen, ihnen fehlt alleine die Idee. Und meine Antwort darauf ist: „Dann bist du vielleicht nicht der Unternehmertyp." Als Unternehmertyp hat man stets drei bis fünf Ideen im Kopf, die man angehen würde. Ich denke, das ist in einem drin; Probleme zu sehen, zu erkennen und Lösungen im Kopf zu haben. Das steht bereits vor dem Schritt, ein Unternehmen zu gründen.

Als ich mit meinem Co-Gründer in Brasilien anfing, da hatten wir das Problem klar vor Augen. 2014 haben wir angefangen, das Produkt zu bauen, und brauchten ca. ein halbes Jahr, bevor wir das Softwareprodukt fertig hatten.

Anschließend kamen verschiedene Phasen von Produktentwicklung, die Nische noch stärker herauszuarbeiten, das Kundenprofil genauer zu kennen, neue, bessere Leute zu finden und einzustellen. Dies alles ist nicht einfach, und als Gründer braucht man eine hohe Frustrationstoleranz. Hier kommt es darauf an, die Höhen nicht zu sehr zu feiern und die Tiefen nicht zu sehr zu betrauern.

Vor ein paar Wochen lernte ich den fünftreichsten Mann Brasiliens kennen. Reflektierend über seine Erfahrungen als Unternehmer sagte er mir: „Es gibt keine guten oder schlechten Tage – es gibt nur Tage. Und alle musst du nutzen."

Es gibt noch eine andere Philosophie unter Unternehmern hier in Brasilien, inspiriert von einem Buch: „The Art of Entrepreneurship is to get fxxx every day and not give up."

Ich glaube, bei einer Gründung im Ausland hängt viel von der Kultur ab. Hier in Brasilien wurde ich sehr offen und mit großer Hilfsbereitschaft empfangen. Es gibt aber auch Hürden: Man kennt niemanden, kennt bestimmte explizite und implizite Regeln nicht. Aber wenn Leute erkennen, dass man Drive hat, dann gibt es Unterstützung.

Es gibt allerdings keinen Ersatz für harte Arbeit, für Einsatz und Ausdauer.

Womit ich vielleicht nicht gerechnet hatte, ist, wie viel Lebenszeit man in das Unternehmen steckt. Zwei bis vier Jahre werden stark der Firma gewidmet, achtzig Prozent der Unternehmen scheitern. Das heißt, man investiert viel Zeit und Arbeit, im ersten Jahr setzt man sich hin, entdeckt alles, findet seinen Co-Founder, und nach einem Jahr klappt es vielleicht nicht.

Mit Investorengeld kann man vielleicht noch länger überwintern. Man legt vielleicht den Schalter um, ändert die Zielgruppe, und wenn es nicht läuft, dann ist nach zwei, drei Jahren Schluss. Und wenn die Investoren noch mehr Geduld haben, dann ist vielleicht nach vier Jahren Schluss.

Wenn die Firma jedoch läuft und erfolgreich ist, dann liegt der Zeithorizont zwischen 8 und 15 Jahren. Ein Investor hat einen Horizont von ca. 10 Jahren, dann ernährt man einige Familien, die Kunden haben sich an einen gewöhnt. Erst in einer späteren Phase kann man daran denken, die Arbeit an einen anderen CEO abzugeben und die Firma anschließend zu verlassen und zu verkaufen.

Am Anfang denkt man nicht daran, dass man vielleicht 15 Jahre in diese Aufgabe stecken würde. Dies hatte mir vorher niemand gesagt. Vielleicht hätte ich es mir mit diesem Wissen noch einmal überlegt. Aber ... so wie ich bin, und wie ich mich kenne – ich hätte es wohl trotzdem gemacht.

Wenn du im Ausland arbeitest und Produkte in Deutschland einkaufst, weißt du sicherlich recht gut, welche Produkte du aus bestimmten Gründen aussuchen würdest, weil du diese bereits mehrheitlich kennst oder es für dich viel einfacher ist, den Markt ordnungsgemäß zu analysieren, als das ein Ausländer vermutlich kann. Wenn du jetzt diese Produkte im Ausland offerierst, dann kommst du wahrscheinlich als Deutscher dort glaubwürdiger rüber, kannst vom mehrheitlich guten Ruf für deutsche Produkte profitieren und hast die Möglichkeit, deinen deutschen Akzent positiv einzusetzen.

Im anderen Fall kaufst du – im Ausland lebend – inländische Ware ein oder bietest diese Produkte oder Dienstleistungen in Deutschland an. Jetzt hast du bei vielen Kunden den Vorteil, mit den richtigen und vertrauensvollen Argumenten und selbstverständlich in derselben Sprache die Kunden zu überzeugen.

In beiden Fällen solltest du den enormen Vorteil nicht unterschätzen, jetzt im Ausland lebend, dass du auf viel weniger direkte Konkurrenz stößt, wenn du deine besondere Situation entsprechend einsetzt. Je besser du dich spezialisierst, desto freier wirst du agieren können. Du profitierst im grenzüberschreitenden Austausch der Ware von preislichen oder qualitativen Vorteilen. Mit den angesprochenen typisch deutschen Tugenden kommst du weiter, als du es dir vielleicht zunächst ausmalst. Natürlich solltest du immer gut vorbereitet an den Start gehen, ein gutes inneres Gefühl haben und über etwas Startkapital verfügen. Das Leben hinter den deutschen Grenzen ist aufregender und abwechslungsreicher, als man es vielleicht glaubt. Mache etwas aus deinem Leben! Das Ausland empfängt dich mehrheitlich mit offenen Armen und öffnet dir die Augen.

Ein anderer Ansatz ist es, erst einmal Arbeitserfahrung in einem deutschen Unternehmen im gewünschten Land zu sammeln. Deutsche Firmen gibt es mittlerweile in allen Firmensegmenten überall auf der Welt. Diese Firmen haben in der Regel keine großen personelle Selektionsmöglichkeiten, da es nicht so viele Menschen auf der Welt gibt, die fließend Deutsch sprechen, qualifiziert sind und sich der entsprechenden Firmenpolitik kurzfristig in gewünschter Weise anpassen können. Kontaktiere noch in Deutschland die Personalbüros bekannter Firmen im Ausland, bekunde Interesse, mindestens drei Jahre für diese Firma genau dort an diesem Standort arbeiten zu wollen, und mache anschließend den Schritt in die Selbstständigkeit. Wenn es nicht gleich beim ersten Mal funktioniert, bleibe hartnäckig, lerne die Sprache weiter, versuche zu sparen und versuche es im Abstand von drei Monaten wieder. Deine Chancen verbessern sich von Mal zu Mal und eines Tages packst du dann deine Koffer.

5.6 Wie kann ich das Risiko halbieren?

Wie bereits in der Einleitung erwähnt, möchte ich das Risiko eines Selbstständigen nicht unterbewerten. Eine Vielzahl der neu gegründeten Firmen überlebt die ersten fünf Jahre nicht. Für viele Firmenauflösungen gibt es oftmals nicht nur einen Grund, sondern eine Vielzahl von diversen, ineinander verzahnten Gründen. Hier sollte man unterscheiden zwischen jenen Gründen, die man selbst beeinflussen kann, und anderen, die von äußeren Einflüssen abhängig sind und denen man machtlos ausgesetzt ist. Dennoch sind die Vorteile einer erfolgreichen Selbstständigkeit auf jeden Fall das Risiko wert. Von anderen Leuten möglichst unabhängig zu agieren, jeden Tag selbstbestimmt zu organisieren, sich seine eigenen Ziele zu setzen und als Konsequenz daraus seine Träume erfüllen zu können. Dies alles hat für viele selbstständig tätige Menschen einen extrem hohen Wert.

Da das unternehmerische Risiko ein permanenter Begleiter ist, nicht nur in der etwas verrückten Startphase der Gründung, sondern darüber hinaus und auch besonders spürbar in
den Phasen, in denen es nicht so gut läuft wie gewohnt, sucht
nicht jeder den direkten Weg in eine Selbstständigkeit, in der
man zu einhundert Prozent auf sich selbst gestellt ist. Zwei Möglichkeiten, mit denen man das Risiko relativieren kann, möchte ich kurz vorstellen.

Übernahme einer bestehenden Firma

Aufgrund der geburtenschwachen Jahrgänge in den 1990er-Jah-
ren stehen die Jobaussichten momentan nicht nur für Jobein-
steiger recht gut. Zugleich, da in den kommenden Jahren viele
Firmeneigentümer über eine Weitergabe ihrer bestehenden Be-
triebe nachdenken (müssen), stehen die Chancen einer Übernahme von Firmen für angehende Jungunternehmer nicht schlecht.
Hier hat man als Bewerber ebenfalls den Vorteil, sich die Bran-
che und die Materie selbst aussuchen zu können. Einen passenden und machbaren Firmenwert zu verhandeln ist bei einer geringen Bewerberzahl oftmals leichter als ursprünglich gedacht.
Speziell in Krisenzeiten kann es besonders interessant sein, in
Schwierigkeiten geratene Firmen zu niedrigen Firmenwerten zu
erwerben. Sicherlich gibt es jede Menge Firmeninhaber, die eigentlich vorhatten, noch zwei bis fünf Jahre weiterzuarbeiten,
sich jetzt allerdings die Frage stellen, ob das noch sinnvoll ist,
wenn die kommenden drei Jahre sicherlich sehr schwer werden
und darüber hinaus die wirtschaftlichen Verhältnisse sich neu
formieren und sichere und festere Strukturen sich wieder neu
etablieren müssen. Bezüglich der jeweiligen Finanzierung gibt
es diverse Möglichkeiten und Modelle, die man mit dem Noch-
Eigentümer besprechen kann und muss, wenn die Firma zum
Bewerber passt und natürlich auch umgekehrt.

Habe Mut, wenn es die Materie ist, für die du dich begeistern
kannst, und es die Firma ist, aus der du glaubst, noch mehr Po-

tenzial herausholen zu können. Nimm die Chance an und drücke diesem Unternehmen deinen persönlichen Stempel auf. Du musst es schaffen, überzeugend aufzutreten und ebenso andere Mitmenschen von deinem geplanten Erfolg zu überzeugen. Wenn du gerade an der richtigen Stelle bist und ein passendes Unternehmen im Auge hast, stehen dir keine Hindernisse mehr im Weg. Habe keine Angst vor zu großen Aufgaben. Ohne Risiko gäbe es keinen Reiz. Langweilige Aufgaben würden deinem Wachstum nicht helfen. Forme das bereits existierende Unternehmen weiter und baue auf die Hilfe der wertschaffenden und gut eingearbeiteten Mitarbeiter. Die Chancen stehen gut, dass sich auch in Krisenzeiten die wirtschaftlichen Verhältnisse europaweit in den kommenden fünf bis zehn Jahren – in Deutschland am schnellsten – wieder stabilisieren werden.

Die Vorteile liegen klar auf der Hand. Das bestehende Netzwerk an eingearbeiteten Mitarbeitern, bestehende Verbindungen zu Kunden, Lieferanten, Banken usw. können fortan genutzt werden und eine Weiterentwicklung oder Neuorientierung der bestehenden Firma steht dem Neueigentümer natürlich ebenso offen. Als Nachteile ist sicherlich der finanzielle Aufwand zu nennen sowie eine Übernahme von oftmals suboptimalen Mitarbeiterverhältnissen und die Tatsache, dass man der Firma nicht von Null an selber zum Laufen verholfen hat. Tendenziell ist diese Variante einer Übernahme sicherer als eine Neugründung. Bevor man einen Kaufvertrag unterschreibt, sollte man den Betrieb und die internen Abläufe und Zahlen natürlich bestens studieren.

Selbstständig, aber nicht allein

Eine andere Möglichkeit, um das unternehmerische Risiko gefühlt zu verringern, ist eine Firmengründung mit einem oder mehreren Partnern. Mit Hilfe eines Partners ist man in der Lage, die Verantwortungsbereiche zu verteilen, womit man an seinen eigenen Bereichen intensiver und konzentrierter arbeiten kann. Eine sinnvolle Bündelung von Ressourcen, Fähigkeiten und Talenten steht hier im Vordergrund. Somit ist es allen Partnern möglich, sämtliche Analysen mit mehr Zeit durchzuführen und wichtige Entscheidungen zu überdenken und abzusprechen. Langfristig können sich enorm wichtige Vorteile ergeben. Beispielsweise ist es möglich, getrennt voneinander entspannt Urlaub zu machen, ohne dass der Betrieb führungslos auf sich allein gestellt ist. Auch können sich die Partner im kräftezehrenden Tagesgeschäft unterstützend unter die Arme greifen, um auch größere Baustellen mit relativ geringem Energieaufwand zu lösen. Zu zweit ist man stärker, verliert weniger schnell den Optimismus und ist in der Lage, länger durchzuhalten. Das sind langfristig gesehen sehr wichtige Vorteile für das Überleben einer Firma.

Bei Verhandlungen hat man gemeinsam einen längeren Atem, kann eventuell Abschlüsse aufgrund neuer Argumente noch einmal nachverhandeln und gerät so in eine vorteilhaftere Ausgangssituation. Bei festgefahrenen Lieferanten- oder auch Kundenverhandlungen kann ein Partner mit neuen Gedankengängen oder Lösungsvarianten dazu beitragen, einen reibungsloseren Weiterverlauf zu erwirken.

Natürlich steht den diversen Vorteilen einer partnerschaftlichen Unternehmung ein erheblicher Nachteil gegenüber. Alle Partner sind ununterbrochen angewiesen, sich in den wichtigen Entscheidungen abzusprechen und einen Konsens zu suchen. Ebenso sind Verlässlichkeit und Vertrauen extrem wichtig. Es geht permanent darum, verbindliche Absprachen zu definieren und natürlich auch einzuhalten. Hier spielen charakterliche Eigenschaften eine große Rolle und die Kompromissfähigkeit aller Partner ist eine Prämisse für das schnelle und agile Handeln. Rasche Entscheidungen und zielführende Kommunikationswege können sich verzögern, wenn all das nicht vorliegt.

6 Das Umsetzen

Im folgenden Kapitel wird es darum gehen, wie man eine Selbstständigkeit startet und gestaltet, und mit welchen Mitteln man es schafft, langfristig am Markt zu bestehen. Generell hat eine Selbstständigkeit viel mit Höhen und Tiefen zu tun. Man lernt sich selbst besser kennen und entwickelt eine Strategie, mit bestimmten Situationen vorteilhaft für sich selbst umzugehen. Psychisch ist das oft eine große Herausforderung. Tendenziell ist nach einer überstandenen Wirtschafts- oder Finanzkrise ein guter Zeitpunkt für den Start einer neuen Firma, da sich das Wirtschaftsgefüge wieder neu sammeln muss, einige Wettbewerber nicht mehr vorhanden sind, gute und erfahrene Mitarbeiter freigestellt wurden und somit auf dem Arbeitsmarkt verfügbar sind und eine gewisse Aufbruchsstimmung zusätzliche Energie im Management- und Mitarbeiterbereich freisetzt.

6.1 Der bürokratische Start

Jede Firmierung muss in Deutschland an verschiedenen Stellen gemeldet werden (Gewerbeamt, Finanzamt, Arbeitsamt). Du wirst schnell sehen, dass das Anmelden einer Firma kein Buch mit sieben Siegeln ist, sondern eine einfache Abfolge von wenigen Punkten. Wichtig aus meiner Sicht ist es, alle Unterlagen vom ersten Tag an verantwortungsbewusst aufzubewahren und eine sorgfältige Organisation zu garantieren. Versuche, notwendige Genehmigungen wie z. B. die der Gewerbeaufsicht, des Bauamts oder des Gesundheitsamtes vor Beginn der Aufnahme der Geschäftstätigkeit einzuholen.

Des Weiteren sollte sich jeder Neugründer einen Steuerberater als Informationsquelle besorgen. Dieser kann zu Beginn beispielsweise Tipps zur passenden Rechtsform (GbR, UG, OHG, GmbH, Kleingewerbe) geben. Dies ist wichtig, um gleich von Anfang an bestens informiert zu sein, was besonders die Haftung und das notwendige Startkapital betrifft. Parallel ist ein guter Steuerberater auch ein passender Informant bezüglich der Gesamtkosten. Diese gerade zu Beginn objektiv zu bewerten, ist extrem wichtig. Dein Steuerberater sollte bemüht sein, dich als langfristigen Kunden zu behalten. Aus diesem Grund sollte er sich gerade in den ersten Wochen besonders viel Zeit für dich nehmen. Wenn du beim ersten Steuerberater kein gutes Gefühl hast, frage nach Terminen in anderen Kanzleien oder erkundige dich bei Freunden oder Bekannten nach deren Erfahrungen.

Lass dich nicht beirren, wenn du keine langjährige Wirtschaftsausbildung hast. Hier geht es vielmehr um das passende Gefühl. Deine Entscheidungen müssen Sinn ergeben. Frage nach, wenn du etwas nicht weißt oder nicht verstehst. Diese Phase deiner beruflichen Weiterentwicklung ist informativ, unerlässlich und bildet die rechtliche Grundlage für dein Unternehmen.

6.2 Begegnung mit dem Markt

Unabhängig davon, was du vermarktest oder welchen Service du anbieten möchtest, wirst du dich in einem Markt von weiteren Mitbewerbern befinden. Du solltest dir überlegen, welche Kundschaft du vorrangig ansprechen möchtest und warum diese Kunden ausgerechnet bei dir einen Service in Anspruch nehmen sollten. Aller Anfang ist schwer. Niemand kennt dich. Das ist aber auch eine große Chance! Du kannst deinen Platz am Markt selbst definieren. Du kannst selbst bestimmen, für welche Attribute deine Firma stehen soll. Gewöhne dich daran, du wirst stets Konkurrenz haben.

Aus Steinen, die einem in den Weg gelegt werden, kann man Schönes bauen.
Johann Wolfgang von Goethe

An schwierigen Tagen wirst du besonders in den ersten Monaten an dir und deiner Idee zweifeln. Du kommst nicht so voran, wie du es dir vorgestellt hast. Sei stets optimistisch, gib dein Bestes und habe Geduld – mit dir selbst und mit deiner Firma. Du lernst dich in diesen Phasen besser kennen, wirst erfahren, dass du selber in der Lage bist, etwas Neues zu schaffen, und merkst schnell, wo du an deine Grenzen gerätst.

Es ist wichtig, die anderen Marktteilnehmer genauestens zu kennen. Versuche, gute Eigenschaften der Konkurrenz zu kopieren und stets unabhängig von deinem Marktplatz auf Qualität und auf neue, sinnvolle Produkte zu setzen bzw. auf neue Produkte, die deinen Service abrunden oder erweitern. Oftmals wirst du automatisch von Kundenreaktionen gesteuert oder es eröffnen sich durch Gespräche mit Spezialisten am Markt neue Möglichkeiten.

Verliere niemals deine eigenen Stärken und deinen eigenen Ansatz aus den Augen. Je stärker du dich auf dich selbst konzentrierst, umso wahrscheinlicher ist es, dass du kurzfristige Erfolge verzeichnen und dich somit weniger von der Konkurrenz beeinflussen lässt. Dein Handeln und der Drang, alle Abläufe möglichst zu optimieren, stehen im Vordergrund. Das sollte dein tagtägliches Ziel sein, und genau so kommst du voran.

Catherine, Mitte 40,
Selbstständige Übersetzerin in Berlin

Bevor ich den Schritt in die Selbstständigkeit wagte, hatte ich drei Jobs: Im Beamtentum als Lehrerin in Frankreich, als Angestellte im Übersetzungsbereich eines Schweizer Unternehmens, und als Dozentin.

69

Während meines Werdegangs merkte ich, dass ich es gerne mag, niemanden ober oder unter mir zu haben, und auch nicht wirklich mit Kollegen zusammenzuarbeiten, die ich mir nicht aussuchen kann.

Mir gefällt, dass es als Selbstständige keine Hierarchie gibt. Auch, wenn ich in den anderen Jobs nicht sehr viel mit der Hierarchie zu tun hatte, weiß ich, dass es in vielen Positionen und Unternehmen ganz anders wäre.

In meiner jetzigen Arbeit kann ich mir selbst die Übersetzerkollegen aussuchen. Mir ist es dabei sehr wichtig, dass ich mir Leute aussuchen kann, für die ebenfalls Qualität eine große Rolle spielt.

Auch meine Kunden kann ich mir mittlerweile aussuchen, und kann meine Arbeit somit auf die Kunden konzentrieren, bei denen ich das Gefühl habe, mit meiner Arbeit zufrieden zu sein.

Man hat immer eine gewisse Abhängigkeit von Kunden. Jedoch spüre ich mit meiner jetzigen Mentalität und Arbeitssituation diese Abhängigkeit nicht mehr. Mir ist die Freiheit sehr wichtig. Die Freiheit, selbst zu entscheiden, was ich übersetzen möchte, und zu welchen Konditionen. Es ist aber nicht immer so gewesen. Früher habe ich alle möglichen Aufträge angenommen. Ich wusste nicht recht, nach welchen Tarifen ich abrechnen sollte, und oftmals waren diese Arbeiten dann schlecht bezahlt.

Ich erinnere mich, als ich mit dem Gedanken spielte, Freiberuflerin zu werden. Ich las viele Artikel dazu. Zwei Gedanken kamen dabei immer wieder:

Dass man bereit sein sollte, die ersten zwei Jahren sehr, sehr viel zu arbeiten. Und dass man in der ersten Zeit nicht sehr große Ergebnisse hat und daher, bevor man anfängt, einen Gehaltspuffer von zwei Jahren haben sollte.

Ich finde diese beiden Gedanken wichtig, halte sie aber für relativ. Den ersten Gedanken halte ich für abschreckend. Ich habe die Anfangszeit auch nicht so für mich empfunden, da ich die Übersetzungsarbeit sehr mag. Für mich ist das Wichtigste die eigene Überzeugung, dass man gerne die Selbstständigkeit ausüben möchte. Dann empfinde ich es auch nicht als Arbeit. Es ist zwar so, dass ich weiterhin viel arbeite, aber ich empfinde es eher als ein Hobby. Und in meinem Leben habe ich Hobbys, für die ich Geld ausgebe, und Hobbys, mit denen ich mein Geld verdiene – und andere, die neutral sind.

Ich glaube daher, dass, wenn man eine Aktivität für sich findet, man sie nicht als Arbeit empfindet.

Und zweitens, das mit dem Puffer von zwei Jahresgehältern. Ich denke, das hängt von zwei verschiedenen Faktoren ab. Es geht hier um die Stichwörter von Sicherheit, Freiheit, Vertrauen, dass etwas kommt. Und ich weiß nicht, ob man diesen Puffer so auf zwei Jahre festsetzen soll. Natürlich ist dies auch von weiteren Faktoren abhängig. Es hängt vom Markt ab, von der persönlichen Lebensgeschichte und dem Unternehmenszweck.

Ich hatte diesen Zweijahrespuffer nicht. Ich denke, jeder macht dies dann auf seine eigene Art und Weise. Zum Einen hatte ich verschiedene Möglichkeiten, andere Einkommen zu erzielen, für den Fall, dass es mit der Übersetzungsarbeit nicht funktionieren würde: Unterricht geben, Übersetzungsworkshops, Schreibworkshops in Schulen, oder auch einen Teil meiner Wohnung unterzuvermieten. Es war gut, dass ich wusste, dass ich verschiedene Möglichkeiten hätte, über andere Aktivitäten an Geld zu kommen.

Und letztendlich ist es wichtig, das Vertrauen in sich zu haben, dass man gut genug ist, und dass sich auch im schlimmsten Fall immer etwas auftut. Letztendlich muss jeder mit sich selbst ausmachen, wie viel Unsicherheit man für sich tolerieren kann. Ebenso kann eine komplette Freiheit ebenfalls unsicher machen.

Ich finde es spannend und wahnsinnig interessant, wenn man für sich dieses Gleichgewicht findet – zwischen Stabilität und dem Wagnis ins Unbekannte.

6.3 Stärken und Schwächen

Jede Person, jeder Unternehmer weltweit ist einzigartig. Jeder erkennt und bewertet Chancen unterschiedlich, man hat eine unterschiedliche Handhabung, mit Problemen und komplizierten Situationen umzugehen, und es gibt natürlich auch unterschiedliche Arten, eine Firma zu führen. Beim Führungsstil ist es einerseits wichtig, die Interessen der Firma klar zu verfolgen und andererseits einen optimistischen und angenehmen Umgang mit allen Beteiligten an den Tag zu legen. Hierbei ist jeder verpflichtet, die Herausforderungen des täglichen Handelns mit seinen persönlichen Stärken zu meistern. Diese Stärken können stark voneinander abweichen. Einige Personen suchen die schnelle Konfrontation und versuchen, sämtliche Tagesaufgaben und Entscheidungen schnellstmöglich zu treffen bzw. umzusetzen, während andere lieber auf Geduld und Ausdauer setzen. Weitere Stärken und Eigenschaften können zum Beispiel das analytische Denkvermögen betreffen, den absoluten Willen, etwas zu schaffen, die Fähigkeit, andere Personen schnell und überzeugend zu etwas zu bewegen, oder aber eine blitzschnelle Reaktionsfähigkeit und Anpassungsfähigkeit hinsichtlich neuer Situationen.

Wiederum andere kommen ans Ziel, just weil sie häufig unterschätzt werden. Es gibt somit zahlreiche Varianten und Strategien, um ans Ziel zu gelangen. Es kommt nicht primär auf das an, was man kann, sondern dass man es schafft, seine persönlichen Ziele mit Hilfe seiner verfügbaren Mittel zu erreichen.

Auf dem Weg zum Ziel müssen wir uns alle eingestehen, dass es leider auch die Schwächen sind, die uns permanent begleiten und die wir nicht so leicht ablegen können. Hierbei sollten wir bewusst mit unseren Schwächen umgehen und an ihnen arbeiten, ohne den Fehler zu begehen, sie überzubewerten. Natürlich ist es auch ganz wichtig, Fehler nicht zu wiederholen. Fehler zu begehen, das ist menschlich, wichtig ist es jedoch, von ihnen zu lernen und ähnliche Situationen zu erkennen und dieselben Fehler zu vermeiden. Gleichzeitig sollten wir gerade beim Start unserer Aktivitäten daran denken, dass alle anderen Marktteilnehmer ebenfalls Schwächen haben und sich somit nicht fehlerlos und verlustfrei durchs Tagesgeschäft schlängeln. Dies ist für uns eine Chance.

6.4 Das Tolle ist die Kreationsphase

Mit der Eröffnung deiner Firma wirst du in der Lage sein, etwas Neues ins Leben zu rufen. In der Anfangszeit steht dabei nicht das große Geldzählen im Vordergrund, sondern das Bewusstsein, deinen beruflichen Traum zu verwirklichen. Auf den Punkt gebracht: Man schafft sich seine eigene berufliche Welt. Natürlich entstehen dabei auch verschiedene verkaufstechnische und bürokratische Hürden, mit denen man zu Beginn nicht gerechnet hat. Jedoch wirst du später sehr angenehm und stolz auf diese etwas verrückte Entwicklungsphase zurückblicken – auf diese Zeit, die den Grundstein deiner unabhängigen Berufung gelegt hat.

Hat man erst einmal die Entscheidung getroffen, seine neue berufliche Herausforderung anzugehen, kann man seinen neuen

Weg mit dem Bau eines Hauses vergleichen. In den ersten Tagen und Wochen macht man sich Gedanken um die eigentliche Architektur: Was gefällt mir und was ist mir wichtig? Sobald die bürokratischen Vorleistungen umgesetzt sind, kann und muss man sich Gedanken über das korrekte Fundament machen. Parallel müssen finanzielle Aspekte geklärt werden. Es geht um verlässliche Partner und möglichst sichere Strukturen. Da man Materialien, die Form und die genaue Anordnung selber zusammenstellen und unter Berücksichtigung bestimmter Restriktionen definieren kann, ist es wichtig, die einzelnen Abschnitte gut zu koordinieren, nichts zu vergessen und die einzelnen Schritte mit den möglichst besten Spezialisten abzusprechen. Jeder einzelne Bauabschnitt ist sehr spannend zu verfolgen, und das Haus entstehen zu sehen gibt einem viel Kraft und macht zudem sehr viel Spaß. Wenn das Haus einmal fertig ist und möglichst alles so funktioniert, wie man es sich ursprünglich vorgestellt hat, ist das sehr beruhigend. Und man denkt besonders gern an die verschiedenen und interessanten Bauphasen zurück oder daran, unter welchen Umständen man beispielsweise das Grundstück erworben hat.

6.5 Dank der Erfahrung wird alles einfacher

Hat man erst einmal die ersten Jahre der Selbstständigkeit hinter sich gebracht, stellt man fest, dass die Mehrheit der Abläufe sehr vertraut ist und sich vieles wiederholt. Beziehungen zu Lieferanten und Kunden sind geläufig und man ist in seinem Fahrwasser recht selbstbewusst und selbstsicher unterwegs. Probleme, die in den ersten Monaten und Jahren aufgetreten sind, sieht man jetzt vorher und man findet mit weniger Energieaufwand häufig eine passende und schnelle Antwort. Mit Schwierigkeiten, die sich wiederholen, geht man ruhiger um, da man ähnliche Lösungswege bereits mehrfach erfolgreich umgesetzt hat. Zu Beginn einer Unternehmung sollte man sich auch klar machen, dass sich die Strukturen selbstverständlich mit der Zeit verfestigen und sich somit das generelle Risiko verkleinert bzw. relativiert. Wenn das Geschäft nach fünf bis sieben Jahren keinen befriedigenden Gewinn abwirft und man das Gefühl hat, eher Abhängiger des eigenen Systems als ein freier Unternehmer zu sein, sollte man das Geschäftsmodell ändern und neue Wege suchen. Kurzfristige Komplikationen hingegen wird es immer geben. Mitarbeiter können kündigen, die Finanzbeschaffung kann schwerer werden oder der Markt sich plötzlich extrem ändern. Mit diesen Situationen umzugehen gehört zu den Lernerfahrungen als Unternehmer. In der Regel geht man aus einer überwundenen Krisensituation gestärkt hervor und entdeckt neue Chancen und Möglichkeiten.

7 Der philosophische Ansatz

7.1 Die Freiheit lässt dich strahlen

Viele, die von ihrem neuen Unternehmen oder ihrem neuen Projekt sprechen, kommen ins Schwärmen. Warum ist das so? Weil man plötzlich das Gefühl hat, frei zu sein. Wir alle besitzen eine private und eine berufliche Gefühlswelt. Mit seinem eigenen Unternehmen ist man in der Lage, sein berufliches Leben komplett neu zu definieren. Es ist wie eine kleine persönliche Revolution, denn du selbst entscheidest zum ersten Mal zu einhundert Prozent über deinen weiteren beruflichen Werdegang. Es hängt vom ersten Tag an alles von DIR ab. Ohne dich geht nichts. Du kannst völlig ungewohnt selbst bestimmen und musst auf keinen direkten Vorgesetzten hören. Du entscheidest jetzt mit voller Selbstverantwortung und genau das setzt Energie frei und bringt dich wie in der folgenden Abbildung zum Strahlen.

Ein Selbstständiger tauscht Fremdbestimmung und Sicherheit gegen Selbstbestimmung und Freiheit ein.
Thomas Weider

Wechselt man als Arbeitnehmer den Job von A nach B, ist man in der Regel auch die ersten Wochen froh über das neue Betätigungsfeld, die hoffentlich netten Kollegen und eventuell über das neue geographische Umfeld, das es jetzt zu entdecken gilt. Das ist eine interessante Phase, die mit Sicherheit auch Glückshormone freisetzt. Wenn man seine eigene Firma gründet, geht es jedoch noch einen Schritt weiter.

In den ersten Tagen und Wochen fühlst du dich, als ob du keine Grenzen kennen würdest. Du bist überwältigt von den Möglichkeiten (zumindest einmal theoretisch) und verbindest mit deiner neuen beruflichen Aufgabe das Wort Spaß, Lust und Freude. Es kommt dir manchmal so vor, die Seiten getauscht zu haben, weil du jetzt selbst das Zepter in der Hand hältst und entscheidest, wo es lang geht. Jegliche Verbindungen zu sicheren Geldquellen bestehen nicht mehr, aber es fällt dir früh leichter, aus dem Bett zu kommen, und du bist der Welt dankbar, ab jetzt selbst regieren zu können. Ja, du fängst bei null an, aber Schritt für Schritt baust du dein neues Leben auf.

Wer von seinem Tag nicht zwei Drittel für sich selbst hat, ist ein Sklave.
Friedrich Nietzsche

7.2 Entdecke deine Möglichkeiten

Eine wichtige Voraussetzung für den Schritt in die Selbstständigkeit ist ein gewisser Grad an Selbstsicherheit. Mit dieser Selbstsicherheit wird man nicht geboren, sondern dieses Gefühl erarbeitet man sich. Wenn wir unserer inneren Stimme folgen, werden wir sehr schnell spüren, was uns gefällt, was uns guttut, uns interessiert und in welchem Bereich wir Lust verspüren, mehr zu erfahren und mehr wissen zu wollen. Es geht somit um die Leidenschaft als Energiequelle. Sie ist das Spektrum, das es zu erforschen gilt. Hier müssen wir ansetzen und uns daran orientieren.

Nach der Schulausbildung wissen viele junge Leute nicht, was sie werden möchten bzw. in welche Richtung sie sich weiterbilden sollen. Ich bin mir sehr sicher, wenn du dich für das Arbeitsfeld entscheidest, das dich interessiert und innerlich erfüllt, ist die Wahrscheinlichkeit groß, dass du diesen Schritt nicht bereuen wirst.

Wenn es dich interessiert, die Welt zu sehen, versuche, auf einem größeren Schiff anzuheuern, mache eine Weltreise (eine ordentliche Vorbereitung vorausgesetzt) oder werde beispielsweise Deutschlehrer und ziehe nach deiner Ausbildungszeit von einem Land ins nächste. Es gibt schließlich zahlreiche deutsche Schulen auf diesem Planeten.

Falls du dich für Wein interessierst, deine Eltern aber keine Weinkellerei besitzen, bewirb dich in Italien, Spanien, Kalifornien oder in Südafrika. Dort wirst du nützliche Erfahrungen sammeln und andere Ansätze und Praktiken kennenlernen, mit denen du später eventuell ein gutgehendes Weingut, in Deutschland oder anderswo, erwerben kannst. Die Möglichkeiten scheinen unbegrenzt, man muss nur den ersten Schritt wagen und sein Glück suchen.

Wenn du analytisch und praktisch veranlagt bist, würde ich dir aus heutiger Sicht tendenziell eine praktische Ausbildung ans Herz legen. Hier sehe ich für die kommenden Jahre bzw. Jahrzehnte beste Möglichkeiten, erfolgreich zu sein. Mit der praktischen Ausbildung in der Tasche kannst du auch im Nachhinein entscheiden, ob du in der Praxis deine Fähigkeiten in einem Spezialgebiet vertiefen oder eine theoretische Ausbildung anschließen möchtest. Als erfolgreicher und sympathischer Praktiker lässt du die Konkurrenz hinter dir. Qualität setzt sich durch und zufriedene Kunden kommen wieder und empfehlen dich weiter.

Habe generell keine Furcht vor zu großen Aufgaben. Wenn du gerne Arzt werden möchtest, aber in Biologie oder Latein nicht zu den Besten gehört hast, bewerbe dich dennoch an zwei, drei medizinischen Fakultäten. Wenn du dort nicht sofort beginnen kannst, arbeite für ein bis zwei Jahre für eine internationale Hilfsorganisation oder starte eine Ausbildung zur Krankenschwester bzw. zum Krankenpfleger, oder vielleicht kommt auch ein Studium im Ausland in Frage. Wichtig ist es, sein Ziel im Auge zu behalten und den Glauben, dieses Ziel erreichen zu können, nicht zu verlieren, indirekt an seinen Schwächen zu feilen und gleichzeitig dank der gewonnenen Erfahrungen zu mehr Selbstsicherheit zu gelangen.

Glaube an dich, folge deinem Herzen, sei mutig, vertraue auf deine Stärken, genieße die kleinen Dinge und höre niemals auf zu träumen. Lebensweisheit

Unsere persönlichen und beruflichen Aufgaben füllen unser Leben meist extrem aus. Je älter man wird, desto mehr hat man das Gefühl, dass die Zeit immer schneller vergeht, und tendenziell sinkt die Bereitschaft, Risiken einzugehen.

Mit zunehmendem Alter wird man ängstlicher und Entscheidungen werden häufiger hinterfragt. Versuche deshalb, die Weichen für eine unabhängige Berufswahl zeitig zu stellen. Lebe und arbeite so, dass die Zeit möglichst immer auf deiner Seite ist. Lass die Freiheit dein Antrieb sein. Wenn du dein eigener Chef bist, entscheidest du über deine Zeit. Du kannst deine Kinder beispielsweise nachmittags zum Fußballtraining oder zum Ballettunterricht fahren, ohne jemandem Rechenschaft darüber ablegen zu müssen. Oder du entscheidest spontan, ob du dir morgen einen freien Tag nimmst, weil sich ein guter Freund kurzfristig angemeldet hat, oder weil du einen zusätzlichen Tag mit deinem Partner verbringen möchtest. Mit dieser Freiheit kommt natürlich auch die Verantwortung, sorgsam mit seiner Zeit umzugehen, abzuwägen und fair zu sein; fair gegenüber deinem Unternehmen, dem Ziel, es zum Wachsen zu bringen, und auch fair gegenüber dir selbst, dich nicht auszubeuten und deine persönlichen Bedürfnisse im Auge zu behalten.

7.3 Das Beste im Leben ist das Kreieren

Viele Leute, die später darauf zurückblicken, ein erfolgreiches Unternehmen gegründet zu haben, blicken mit Wehmut und Stolz auf die Gründungsphase zurück. Etwas Neues geschaffen zu haben, dabei gewesen zu sein und teilhabend zuzusehen, ein Unternehmen wachsen und gedeihen zu sehen, das hat etwas Magisches. Abgesehen von den vielen bereits erwähnten Vorteilen einer eigenen Firma ist man als Unternehmer vor allem Gründer, Gestalter, Entwickler, Schaffer von etwas Neuem, etwas von Wert für die Gesellschaft – sonst wären Kunden nicht bereit, dafür Geld zu bezahlen. Aus meiner Sicht ist es ein großer Unterschied, ob man eine bestehende Firma erbt bzw. übernimmt oder ob man ihr selbst das Laufen lehrt, einen Namen gibt und sie jahrelang begleitet, sie wachsen und entwickeln sieht und ihre Meilensteine feiert. Die Phase, in der die Unternehmung eine Struktur bekommt, ist die spannendste überhaupt. Das Risiko gibt dem Ganzen eine gewisse Spannung. Langeweile gibt es nicht. In den ersten Wochen und Monaten passieren sehr viele interessante Schritte. Die kleinen Etappenziele zu erreichen erinnert an den Spaß der eigenen Geburtstage als Kind. Der Wert der Geschenke wiegt dabei jedoch größer und die Freude hält länger an.

Die Quelle des Glücks ist der Mut. Die Folge des Glücks ist der Stolz.
Thomas Weider

Das wirklich Interessante ist das Erschaffen und das Kreieren, sprich die stufenweise Umsetzung deiner Ideen. Man setzt etwas in Bewegung, was es vorher nicht gab. Man ist verantwortlich für die Funktionsweise, die Qualität, das Design und die allgemeine Wahrnehmung. Wenn man ein Haus baut und die Architektur zu einem großen Teil mitbestimmen kann, ist es vergleichbar. Allerdings hat man bei einer Firma das Gefühl, dass sie langfristig gesehen lebendiger ist und permanent von vielen mittelbaren Energien beeinflusst wird. Genieße die ersten Wochen der Selbstständigkeit, die Gründungs- und Entwicklungsphase. Sei voller Energie und Tatendrang. Brich auf in dein persönliches und berufliches Abenteuer! Genieße die grenzenlose Kraft und Lust, dein Projekt entstehen zu sehen! Fühle dich verbunden mit den vielen Kreativen, den Musikern, Designern und Schriftstellern, denen es ähnlich geht und ging beim Erstellen ihrer (Meister-)Werke. Habe Spaß und Freude dabei, die Materie zu bearbeiten und deine Traumvorstellungen zum Leben zu bringen. Wenn das Lied einmal komponiert ist, ist der erfolgreiche Songwriter viele Jahre später in der Lage, sich bestens an die Entstehungszeit des Liedes zurückzuerinnern, wo und unter welchen Umständen sein Werk entstanden ist. Die Spannung und die Aufregung der Entwicklungszeit prägen sich in die Erinnerung. Ebenso wird es dir ergehen, wenn du später von der Anfangszeit deiner Unternehmung berichtest.

Zum Spaß an der Kreativität und der unternehmerischen Freiheit summiert sich daher die künstlerische Freiheit. Wenn man grenzenlos untersuchen und uneingeschränkt tüfteln und forschen kann, so findet man ganz indirekt den Sinn seines Schaffens. Du als angehende Unternehmerin oder Unternehmer kannst diese Freiheit genießen. Habe den Mut, gehe es an und gib deinem Leben eine neue Richtung und einen weiteren Sinn.

7.4 Lebensqualität

Unsere Lebenszufriedenheit korreliert sehr stark mit unserer Zufriedenheit in der Arbeit. Laut Friedrich Nietzsche ist der Beruf das Rückgrat des Lebens. Wenn man gefragt wird, was man für einen Job hat, und man antwortet glücklich und zufrieden: „Ich bin Möbelhändler und kaufe meine Ware vorrangig in Südamerika oder Asien ein und verkaufe meine Produkte europaweit im Internet" oder „Seit zwei Jahren besitze ich meinen eigenen Blumenladen und bin gerade dabei, den nächsten zu eröffnen", oder „Ich arbeite jetzt selbstständig als Obst- und

Gemüsegroßhändler und besitze meine Lieferantenquellen in Frankreich und in Spanien", dann sagt eine solche Antwort viel über diejenige Person aus. Dieser Mensch packt an, bestimmt sein Leben selbst und ist seines Glückes eigener Schmied. Du, lieber Leser, du kannst das auch.

Es gibt nur einen Erfolg – das Leben nach seinen eigenen Vorstellungen leben zu können.
Christopher Morley

Dieses Buch handelt viel von uns selbst als Menschen und davon, was uns tendenziell befriedigt und glücklich macht. Wenn man eine Selbstständigkeit selbst gewählt hat und eine glückliche Phase über einen längeren Zeitraum anhält, ist man in der Lage, auf das stolz zu sein, was man geschaffen hat. Über viele kleinere Zwischenziele oder Einzeletappen gerät man als erfolgreicher Unternehmer an einen Punkt, den man sich zu Beginn niemals hätte ausmalen können. Das Unternehmersein öffnet Türen. Der finanzielle Freiraum ermöglicht, materielle Grenzen neu zu definieren. Michael Gorbatschow sagte einmal: „Nur, wer etwas leistet, kann sich etwas leisten." Das Zwischenspiel zwischen selbst gesetzten Zielen und dem Erreichen dieser Ziele verschafft Zuversicht und Beruhigung. Der Erfolg gibt weiteren Auftrieb. Innerhalb von wenigen Jahren können geistige, aber auch materielle Maßstäbe permanent nach oben gesteckt werden.

Idealerweise ist das die Phase, um seine innere Ruhe und sein inneres Gleichgewicht zu finden. Dieses Gleichgewicht erreicht jeder von uns unterschiedlich schnell, es ist unterschiedlich tief ausgeprägt und stark von unserer Persönlichkeit abhängig. Gleichgewicht und innere Ruhe spiegeln sich wider in unserer Ausstrahlung, im Umgang mit unseren Mitmenschen, in unserer Körperhaltung und unserer Selbstsicherheit. Die innere Ruhe hilft uns, gelassener zu reagieren, uns besser zu fühlen, vernünftiger mit unseren Kräften umzugehen, gesünder zu leben, und verbessert somit unsere Lebensqualität. Im Gleichgewicht und mit innerer Ruhe fällt es uns dann auch leichter, unsere Fehlerquote zu minimieren.

Muße, nicht Arbeit, ist das Ziel des Menschen.
Oscar Wilde

Nicht nur als Unternehmer, aber besonders als ein solcher geht es in der Arbeitswelt um Werte und Anschauungen. Jeder definiert seine eigenen Maßstäbe und wird in der Regel nur dann glücklich, wenn er es schafft, seine sozial ausgewogenen Anschauungen im täglichen Leben nicht nur im Job, sondern auch zu Hause umzusetzen. Man hat eine Vorbildfunktion und sollte dieser auch gerecht werden. Gleichzeitig ist es wichtig, ein Bewusstsein aufzubauen, aus dem man erkennt, dass das Erreichte nicht selbstverständlich ist. Ich bin der Meinung, dass es sehr wichtig ist, seinen inneren Werten und Überzeugungen treu zu bleiben. Im Unternehmen geht es viel um monetäre Wechselwirkungen. Hier sollte man eine klare Linie verfolgen und sich nicht der Macht des Geldes unterwerfen. Beispielsweise sollten Beziehungen zu Kunden oder Lieferanten auf einem ausgewogenen Niveau basieren und durch größtmögliche Ehrlichkeit und Offenheit längerfristig bestimmt sein.

Ökologische Aspekte sollten hier auch mit einbezogen werden. Man sollte das Ziel haben, eine gewisse Nachhaltigkeit vorzuleben. Es geht um das Ganze. Dein Unternehmen ist Teil unserer Gesellschaft. Wenn man sich um die Gesellschaft bemüht oder wenn man stolz ist, etwas für seine Stadt oder Gemeinde mitorganisiert oder ins Leben gerufen zu haben, ist man eigentlich erst angekommen. Letzten Endes geht es hier um unsere Weltanschauung. Ziel sollte sein, sich an dem Erreichten Anderer mit zu erfreuen. Dies fällt leichter, wenn man bereits selbst „angekommen" ist, und ein Indikator dafür, mit sich selbst im Reinen zu sein.

Eine Selbstständigkeit sollte gut überlegt sein und bedarf einer klugen Vorbereitungszeit und einer klaren Grundidee. Wenn du heute bereits darüber verfügst, dann leg los und lasse dich nicht abbringen. Eine glückliche berufliche Unabhängigkeit, die dich ausfüllt und gleichzeitig weder unterfordert noch überfordert, ist mit keiner Angestelltentätigkeit zu vergleichen. Versuche, in deinem Leben der bestimmende Pol zu werden. Um an die Quelle der Erkenntnis für berufliche Unabhängigkeit und Freiheit zu kommen, muss man bereit sein, gewissermaßen gegen den Strom schwimmen. Anschließend erreicht man jedoch Ufer, von denen man früher nur träumen konnte. Auf geht's! Nur Mut! – bei deinem persönlichen Aufbruch in die Freiheit!

Nur wenn du die Seiten wechselst, wirst du erfahren, was sich hinter dem Vorhang der Unternehmensbühne abspielt (siehe Abbildung).
Thomas Weider

Danksagung

Vielen Dank, lieber Leser, dass du dir die Zeit genommen hast, um in diesem kleinen Buch zu stöbern. Ich hatte während der Ausarbeitung der Kapitel viel Spaß. Es war mir eine große Freude, dich für ein paar Stunden in die Welt der Selbstständigkeit entführt zu haben. Falls du mit dem Gedanken spielst, dich selbstständig zu machen, hoffe ich, dass ich dir ein wenig Selbstvertrauen, Elan und Tatendrang mit auf den Weg geben konnte. Solltest du gerade mitten in deiner Ausbildung oder aber in einem unglücklichen Arbeitnehmerverhältnis stecken, versuche es einfach, die Möglichkeit einer Selbstständigkeit in Erwägung zu ziehen. Ich freue mich, wenn dieses kleine Buch damit seinen Zweck erfüllt. Wenn du Anregungen oder Fragen hast, freue ich mich darauf, von dir per E-Mail zu hören: Thomas.Weider@web.de

Mut steht am Anfang des Handelns, das Glück am Ende.
Lebensweisheit

Das Buch widme ich meinem verstorbenen Vater, der stets an meine Projekte geglaubt hat und mich seit der Jugendzeit in den wichtigen Etappen meines beruflichen Lebens stets unterstützte.

Der Autor

Thomas Weider wurde 1976 in Bernburg als eines von fünf Geschwistern geboren. Er belegte das Abitur und anschließend ein Wirtschaftsstudium in Deutschland und England, ehe er 2002 seine Firma Deubel Auto S.L. gründete. Seit 2010 ist er Inhaber und Geschäftsführer von Weiderauto S.L. in Spanien.

Nicht nur unternehmerisch ist Thomas Weider sehr aktiv, auch der Sport hat es ihm angetan – so ist er begeisterter Segler und Triathlet. Als Unternehmer und Familienvater hat Weider sich zu einem guten und geduldigen Diplomaten entwickelt.

Ganz seiner praktischen Natur entsprechend hat er auch aus der Corona-Pandemie das Beste gemacht, indem er das Schreiben für sich entdeckt hat; ein Thema, mit dem er sich vor allem in Form von Vorträgen weiter auseinandersetzen möchte.

Der Autor hat 1992 seine jetzige Frau kennengelernt und ist Vater zweier Töchter. Er lebt mit seiner Familie in seiner Wahlheimat Spanien nahe Barcelona.

Der Verlag

*Wer aufhört
besser zu werden,
hat aufgehört
gut zu sein!*

Basierend auf diesem Motto ist es dem novum Verlag
ein Anliegen, neue Manuskripte aufzuspüren, zu ver-
öffentlichen und deren Autoren langfristig zu fördern.
Mittlerweile gilt der 1997 gegründete und mehrfach
prämierte Verlag als Spezialist für Neuautoren in
Deutschland, Österreich und der Schweiz.

**Für jedes neue Manuskript wird innerhalb we-
niger Wochen eine kostenfreie, unverbindliche
Lektorats-Prüfung erstellt.**

Weitere Informationen zum Verlag und
seinen Büchern finden Sie im Internet unter:

www.novumverlag.com